NO JARDIM DO PENSADOR

SILAS BARBOSA DIAS

NO JARDIM DO PENSADOR

*Máximas de Augusto Cury
com reflexões de Silas Barbosa Dias*

Editora
Cultrix
SÃO PAULO

Copyright © 2008 Silas Barbosa Dias

Todos os direitos reservados. Nenhuma parte deste livro pode ser reproduzida ou usada de qualquer forma ou por qualquer meio, eletrônico ou mecânico, inclusive fotocópias, gravações ou sistema de armazenamento em banco de dados, sem permissão por escrito, exceto nos casos de trechos curtos citados em resenhas críticas ou artigos de revistas.

A Editora Pensamento-Cultrix Ltda. não se responsabiliza por eventuais mudanças ocorridas nos endereços convencionais ou eletrônicos citados neste livro.

Dados Internacionais de Catalogação na Publicação (CIP)
(Câmara Brasileira do Livro, SP, Brasil)

Dias, Silas Barbosa
No jardim do pensador / Silas Barbosa Dias ; máximas de Augusto Cury com reflexões de Silas Barbosa Dias. -- São Paulo : Cultrix, 2008.

Bibliografia.
ISBN 978-85-316-1024-0

1. Autoconhecimento 2. Conduta de vida 3. Desenvolvimento pessoal 4. Felicidade 5. Realização pessoal I. Cury, Augusto. II. Título.

08-07668   CDD-158.1

Índices para catálogo sistemático:
1. Desenvolvimento pessoal : Psicologia aplicada 158.1

O primeiro número à esquerda indica a edição, ou reedição, desta obra. A primeira dezena à direita indica o ano em que esta edição, ou reedição, foi publicada.

Edição   Ano
1-2-3-4-5-6-7-8-9-10-11   08-09-10-11-12-13-14

Direitos reservados
adquiridos com exclusividade pela
EDITORA PENSAMENTO-CULTRIX LTDA.
Rua Dr. Mário Vicente, 368 — 04270-000 — São Paulo, SP
Fone: 2066-9000 — Fax: 2066-9008
E-mail: pensamento@cultrix.com.br
http://www.pensamento-cultrix.com.br

DEDICATÓRIA

Ao espírito humano carregado de potenciais criativos à espera de realização plena.

Aos incríveis pensadores desconhecidos que cultivam os solos de crianças e jovens, na esperança de um futuro melhor.

À geração destinada a celebrar a verdadeira alegria da reinvenção do ser humano.

Ao jardineiro fiel. Aquele que plantou o primeiro jardim e tornou nossa criatividade possível.

"Quem escreve em máximas e com sangue não quer ser lido, mas decorado."

Friedrich Nietzsche

SUMÁRIO

Apresentação 13

1. AMPLIE A VISÃO QUE VOCÊ TEM DE SI MESMO 17
   1. Seja autor da sua própria história 18
   2. Descubra a sua luz interior 20
   3. Suba no palco da sua existência 22
   4. Abra janelas para o futuro 24
   5. Reencontre o endereço de si mesmo 26
   6. Crie novos mapas 28
   7. Em busca da liberdade 30
   8. Pensar é crescer 32

2. GERENCIE PENSAMENTOS SAUDÁVEIS 35
   1. Pensar bem é preciso 36
   2. Servir é a chave-mestra da vida 38
   3. Remova pedras 40
   4. A paciência é medicinal 42
   5. A cortina aberta para o futuro 44
   6. De dentro para fora, seja livre 46
   7. Libere o seu potencial 48
   8. Decida-se pela coragem 50

3. ADMINISTRE EMOÇÕES PARA TER QUALIDADE
DE VIDA... 53
   1. Administre as emoções 54
   2. Torne-se melhor do que tem sido 56
   3. O hábito de se apaixonar 58
   4. Viva na medicina do amor 60
   5. Eternize momentos 62
   6. Treine as suas emoções 64
   7. Emoções que enriquecem 66
   8. Um poema da vida para a vida 68

4. REEDITE SEU PASSADO E REESCREVA
UM NOVO FUTURO.. 71
   1. Assuma a força motriz da esperança 72
   2. Analise o potencial das possibilidades 74
   3. Altere a sua rota 76
   4. Descubra o seu destino 78
   5. Atravessando tempestades 80
   6. Faça sempre o melhor 82
   7. Em busca da excelência 84
   8. Cultive a arte da dúvida 86

5. VIRE A MESA DE DENTRO... 89
   1. O poder da fé 90
   2. Felicidade, uma conquista 92
   3. Conhece-te a ti mesmo 94
   4. Reinventando-se 96
   5. Abraçar a vida 98
   6. A arte de pensar 100
   7. Plante sementes 102
   8. O caminho se faz ao caminhar 104

6. ENCONTRE FORÇAS NAS PERDAS E FRUSTRAÇÕES..... 107
   1. Navegar ou ancorar 108
   2. Posso ver se observar 110
   3. Sonhar a vida 112
   4. Para não desistir 114
   5. Aprender para crescer 116
   6. Viver e amadurecer 118
   7. Viver com propósito 120
   8. O lado bom da experiência 122

7. CULTIVE A ARTE DO PENSAMENTO CRIADOR................. 125
   1. Processo de mudança 126
   2. Ver, fazer e tornar-se 128
   3. Um largo sorriso 130
   4. Profunda raiz 132
   5. Eterno caminhante 134
   6. A magia da criação 136
   7. Passando o limiar 138
   8. A sinfonia da vida 140

8. REALIZE SEUS SONHOS AO ABRAÇAR SEU DESTINO... 143
   1. A aventura de sonhar 144
   2. As alavancas do sucesso 146
   3. Gerar possibilidades 148
   4. A terapêutica dos sonhos 150
   5. Na atmosfera da esperança 152
   6. O espetáculo da vida 154
   7. Uma bússola no coração 156
   8. Os sonhos são a janela da vida 158

9. DEIXE-SE FOTOGRAFAR PELA ESTÉTICA DO BELO.......... 161
   1. A identidade de nossa identidade 162
   2. Recriar-se 164
   3. Amar é doar-se 166
   4. Amigo sonho 168
   5. Enganos e perdão 170
   6. A arte de ouvir 172
   7. Viver a novidade da vida 174
   8. A magia do silêncio 176

10. CRIE A VIDA QUE VOCÊ DESEJA COM ALEGRIA.......... 179
    1. Viva intensamente o presente 180
    2. A suprema busca 182
    3. Simplesmente viva a vida! 184
    4. Um toque de mestre 186
    5. Dinamize as possibilidades dos seus sonhos 188
    6. Cultive a força da humildade 190
    7. Seja o seu melhor jardineiro 192

Posfácio 195

Bibliografia 197

APRESENTAÇÃO

Pensamentos são sementes carregadas de possibilidades. Criar pensamentos é plantar um jardim na coreografia da vida. Todos deveriam cultivar melhor o jardim de seus pensamentos. Somos jardineiros e temos um jardim no interior das nossas emoções. Segundo Descartes, "É preciso cuidar do nosso jardim".

Somos pessoas em busca de um horizonte perdido, que está mais perto do que podemos pensar, no território dos pensamentos. Visitar outros jardins deveria ser uma prática para exorcizar as mesmices viciadas da memória e viver uma poesia intelectual.

Há um projeto humano que, nas palavras de Bachelard, é assim definido: "O universo tem, para além de todas as misérias, um destino de felicidade. O ser humano deve reencontrar o Paraíso".

Todo pensamento é uma semente que teve um início. Todo jardim começou com um pensamento. Todo pensador tem um jardim nos territórios da memória, onde cultiva maravilhosas flores coloridas e plantas de encantadoras formas.

Quem não cultivar os jardins por dentro, não terá boas expressões de alegria por fora.

A alegria do coração aformoseia o rosto.

Pensar é plantar jardins nos solos da imaginação. É passear por eles e vibrar com múltiplos e aprazíveis aromas. Um Jardim, um homem, uma mulher, uma família. Assim começa a saga da criação.

Uma cidade, uma praça, um jardim, plenitude de felicidade. Assim termina o relato da consumação no Apocalipse. Nota-se que o Criador gosta de jardins. Começa com um jardim, termina com um jardim.

Não cria por fora quem não tem por dentro. Deus dança como bailarino principal em harmonia com os gestos de todo o Universo.

Criou em nossa mente o jardim dos pensamentos. Muitos têm um jardim, cultivado ao longo dos anos, entre espinhos e ervas daninhas. Gerenciar os pensamentos é cultivar a qualidade do jardim.

O pensamento tem a capacidade de eternizar saudades, de fazer dançar o coração, de gerar a magia das palavras.

Gosto de jardins. Gosto de viajar pelos jardins dos pensadores, uma prática que faço desde que mergulhei pela primeira vez no universo mágico da literatura.

Este livro é a visita aos vários jardins de um pensador, Augusto Cury, meu amigo. Os textos dele me fazem vibrar por dentro. É por isso que escrevi este livro. Colher suas máximas como se fossem flores num breve passeio pelas campinas verdejantes em manhãs orvalhadas. Poderiam ser também jóias a serem garimpadas.

Mas escolhi a metáfora do jardim por me parecer mais apropriado no momento. Quero andar por esses jardins dançantes sob a sinfonia de uma das mais brilhantes mentes que temos em nossa língua. Seus livros têm encantado milhões de pessoas na pátria e alhures.

Foi o que disse Nietzsche: "Quem escreve em máximas e com sangue não quer ser lido, mas decorado". Essa é a intenção ao escolhermos estas, cuidadosamente. Vamos, é hora de passear pelo jardim de um pensador e descobrir a mágica nos versos eternizados nesta obra. Convido-o a viajar pelas páginas deste livro, numa profunda e sincera reflexão.

"Siga sua felicidade", já havia afirmado outro pensador, apontando a direção. Reafirmo essa máxima, pois a vida é para ser vivida; ela é um espetáculo imperdível.

E em uníssono com Bachelard: "O universo inteiro tem um destino de felicidade".

Estou feliz e grato pela sua companhia!

Silas Barbosa Dias

1

AMPLIE A VISÃO QUE VOCÊ TEM DE SI MESMO

"Um ser humano rico procura ouro na sociedade, um ser humano sábio garimpa ouro nos solos do seu ser."

1. SEJA AUTOR DA SUA PRÓPRIA HISTÓRIA

Você é um ser humano com fascinantes possibilidades, já inscritas no seu projeto original.

Cada pessoa veio a este mundo carregada de potencialidades. Cheia de incríveis amanhãs.

O segredo é viver e não apenas sobreviver ou ir levando a vida. Para isso é preciso reconhecer seus limites, compreender suas falhas, reencontrar caminhos para atitudes transformadoras.

Ser o autor da sua própria história é garimpar jóias preciosas no seu próprio ser. Não importa quantas perdas e dificuldades você tenha enfrentado, necessário é acreditar de novo. Decidir não desistir e encontrar força no desejo de mudar.

Hoje, mais do que em qualquer tempo, somos intimados a descobrir os potenciais da inteligência, de modo a receber a luminosidade advinda das leis essenciais da qualidade de vida.

Use a mente com sabedoria. Ela é uma das maiores riquezas do universo. Você nasceu com esse presente, que precisa ser aberto. Ele veio cheio de compartimentos e surpreendentes realidades.

Amigo, se você fizer um acordo consigo mesmo, se buscar a sabedoria da Inteligência Infinita, este poderá ser o início da melhor época da sua vida.

Parta do princípio de que "hoje é o primeiro dia do resto da sua vida".

Nunca aceite uma perspectiva pequena de si mesmo. Livre-se do hábito de se vender barato demais no mercado da existência humana.

O Autor da vida quer aumentar a sua sabedoria, para que você tome decisões e cresça em criatividade e novas idéias.

Portanto, é hora de ampliar a visão que você tem de si mesmo.

A MANEIRA MAIS FÁCIL DE SER FELIZ É ACHAR OPORTUNIDADE DE FAZER ALGUÉM FELIZ NAS PEQUENAS COISAS.

"Quem tem luz exterior caminha sem tropeçar, quem tem luz interior caminha sem medo de viver."

2. DESCUBRA A SUA LUZ INTERIOR

É a visão criativa que inspira e traz luminosidade para as grandes mudanças.

É a visão interior que maximiza o grande potencial que você tem para o sucesso. A capacidade de pensar é a maior dádiva que o Criador deu a cada ser humano.

Somente quem tem uma luz interna brilha por fora. Antes que houvesse uma lâmpada, já havia uma luz dentro de Thomas Edson. Foi ele quem trouxe a primeira luz elétrica ao mundo. No entanto, na infância foi rejeitado na escola, mandado de volta para casa, porque alguém o achou incapaz de aprender alguma coisa.

Diante da adversidade e da exclusão, o que fez Edson? Não permitiu que a verdadeira luz fosse apagada por rótulos externos. Perseverou, brilhou e deixou que a luz interna se expressasse. Com isso mudou o mundo, dando aos seres humanos um futuro melhor.

Albert Einstein, ao explicar a eletricidade, disse: "Enquanto eu viver quero expressar o que a luz é".

Segundo Nelson Mandela, nascemos para manifestar a glória do Universo que está dentro de nós. Não está apenas em um de nós, mas em todos nós.

E, à medida que deixamos nossa própria luz brilhar, inconscientemente damos às outras pessoas permissão para fazer o mesmo.

E, à medida que nos libertamos do nosso medo, nossa presença, automaticamente, liberta os outros.

DECIDA CAMINHAR SEM MEDO, SUPERANDO OBSTÁCULOS.

"Ninguém pode brilhar no palco do mundo se não brilhar no palco da sua existência."

3. SUBA NO PALCO DA SUA EXISTÊNCIA

O homem que inventou a lâmpada passou apenas três meses na escola primária. Sustentou-se durante muitos anos trabalhando como telegrafista. Foi despedido de quase todos os empregos. Sua biografia é carregada de lutas e adversidades. Para se ter uma idéia, ele foi perdendo a audição e acabou quase totalmente surdo.

Teve que tomar uma decisão e, para o bem da humanidade, o fez com maestria. Decidiu não ficar na platéia da vida. Subiu no palco da existência e assumiu seu papel como ator principal.

O que era para ser um teatro de horrores tornou-se um drama altruísta de festividade criativa. Por isso, tivemos o maior inventor da humanidade. Ele reescreveu sua história. Reeditou seu passado. Criou uma nova coreografia na memória. Determinou-se a alcançar seus sonhos. Abraçou um futuro melhor. Cultivou o hábito de realizar com fé seus objetivos. Venceu!

Toda a humanidade lucrou com essa perseverança e determinação. Somos todos gratos a Thomas Edson. Nunca mais o mundo seria o mesmo. Pouco importa que tenha falhado em dez mil experiências. Há bilhões de razões para agradecer o fato de não ter desistido de perseguir seus objetivos, apesar de ter falhado em tantas tentativas.

Enquanto houver civilização, o nome desse menino escorraçado da escola primária estará nos umbrais da história da humanidade.

O grande segredo das pessoas bem-sucedidas ao longo da história humana tem sido um: a percepção da mudança apesar das dificuldades.

Foi essa percepção que incitou suas mentes a estabelecer objetivos e realizar os sonhos que tiveram. Viver é aprender a brilhar no palco da própria existência. A isso damos o nome de eficácia.

ROMPA AS VELHAS BARREIRAS DO PASSADO E DETERMINE O RECOMEÇO DE GRANDES COISAS EM SUA VIDA.

"O universo tem o tamanho do nosso mundo e o mundo tem o tamanho dos nossos sonhos."

4. ABRA JANELAS PARA O FUTURO

Nossos sonhos têm o tamanho dos nossos pensamentos.

Napoleon Hill afirmou: "Quando um homem encontra sua mente e a enche com a percepção do sucesso, ou quando outro indivíduo o ajuda a fazer isso, imagino que os sinos dos céus badalem de alegria".

As correntes forjadas pelo medo são rompidas e a imaginação encarcerada na passividade é liberta.

Quem quer avançar precisa se libertar de todos os pensamentos que o amarram à mediocridade da mesmice.

A adversidade é uma vitamina para os sábios e uma montanha intransponível para os egoístas.

Sonhar é superar-se. Sonhar é encontrar os meios para alcançar o que se quer. Mesmo a pessoa falida interiormente pode encontrar em outras a chave que a libertará dos cárceres do medo, fazendo-a recuperar a esperança e a confiança que transformam. Esse é o caminho da sabedoria renovadora.

Feche as portas do passado. Mantenha sua mente voltada para as novas janelas do futuro.

Acrescente valor aos seus sonhos, pois isso acionará turbinas em seus pensamentos. Assim toda imaginação e sonhos que a sua mente concebeu se tornarão realidade.

Lembre-se de que nossas únicas limitações são aquelas que impomos a nós mesmos por meio do nosso pensamento ou dos outros, quando permitimos que eles as imponham.

FAÇA UMA ALIANÇA INTELIGENTE COM SEU FUTURO E VOCÊ TERÁ O SUCESSO COMO RESULTADO.

"Na solidão, penso, repenso e me reencontro. Na solidão, me procuro, me acho, me refaço."

5. REENCONTRE O ENDEREÇO DE SI MESMO

A pior solidão não é aquela na qual os outros nos abandonam, mas sim aquela em que nós mesmos nos abandonamos. A solidão pode ser um ótimo lugar para encontrarmos o endereço do nosso próprio coração.

Não adianta darmos desculpas de que fomos abandonados à própria sorte, que os recursos são escassos ou que a providência divina nos esqueceu.

O maior problema é achar que já chegamos ao fim dos nossos próprios limites. Que as fontes de sucesso se esgotaram. Que os potenciais estancaram e que nada de significativo está por vir. Quantos pensam que não merecem desfrutar de mais nada!

Há uma verdade aqui: se você escolher mudar, assim será. Se escolher os cárceres de uma visão errada sobre si mesmo, assim será.

É impossível começar uma vida com amplitude significativa mantendo uma visão restrita. Amplie sua visão. Liberte-se dos freios psíquicos que o impedem de pensar de modo diferente. Comece a refazer sua história a partir de dentro. Deixe seu interior abrir comportas de novos recursos. Há em você oceanos de prontas inovações. Deixe espaço em seus pensamentos para aquilo que a Sabedoria Infinita planejou para você.

A chave para a mudança do encontrar-se, do refazer-se, do transformar-se está em se deixar dominar pelas promessas de esperança. Você veio a este mundo com sementes de poder.

Permita que se abram as sementeiras de seu coração, para que as sementes dos potenciais com as quais você veio a este mundo criem raízes e venham a florescer.

UMA SEMENTE É A POSSIBILIDADE DE UMA FLORESTA.

"Na solidão, faço um passeio íntimo, crio caminhos, produzo novas idéias."

6. CRIE NOVOS MAPAS

O mapa não é o território, então pode ser mudado. Os pensamentos podem mudar os mapas dos territórios interiores. Você pode, se quiser, reurbanizar a geografia do seu cérebro. A neurociência atesta a plasticidade do cérebro. Novas redes de conexões e novas estruturas podem ser criadas. Somos essa complexidade de possíveis mudanças. Fomos criados com mais de 100 bilhões de neurônios, trilhões de sinapses, com trilhões de redes e malhas esperando para serem construídas. Somos os protagonistas do imperdível espetáculo da existência.

A maior viagem que um ser humano pode fazer não é atravessar os oceanos e conhecer continentes inteiros, mas é viajar pelos continentes de seu interior. Navegar pelos oceanos das emoções é redescobrir a memória de saudáveis recordações.

A maior aventura humana neste século é o desafio de expandir o mundo das idéias. A maior epopéia que o homem pode conquistar é gerenciar a si mesmo. É possível aprender os segredos de construir pensamentos que venham a alimentar as fontes do amor, da solidariedade e da alegria.

Quando decidimos caminhar por novas idéias, começamos a enxergar a dignidade humana que tem sido tão discriminada.

Fazer um passeio íntimo é estimular novas atitudes que levem à conquista da sabedoria existencial, detentora de riquezas de inigualável valor.

O VINHO NOVO PRECISA DE ODRES NOVOS.

"A liberdade é um embrião que habita a alma humana e não pode morrer."

7. EM BUSCA DA LIBERDADE

Liberdade é coragem de não se deixar cair no vale do desespero. É tomar a decisão interior de não permitir que as dificuldades se tornem prisões.

Liberdade é ser capaz de levantar trincheiras contra o medo; descobrir os verdadeiros significados do que se acredita. É dar a si mesmo a oportunidade de celebrar a vida entoando cantos de libertação. É ser solidário na terra da exclusão.

Liberdade é a declaração inesquecível de Luther King, que sonhava com o dia no qual todos pudessem "se sentar juntos à mesa da fraternidade", quando cidades seriam "transformadas em oásis de liberdade e justiça". E de maneira retumbante, ele afirmou, "Eu tenho um sonho de que um dia todo vale será exaltado e todas as colinas e montanhas virão abaixo, os lugares escarpados serão aplainados e os tortuosos serão endireitados e a glória do Senhor será revelada e toda a carne reunida".

A liberdade é o embrião de esperança que não pode morrer. É retirar da "montanha do desespero, uma pedra de esperança". É transformar "as discórdias estridentes numa bela sinfonia de fraternidade". É ouvir de qualquer lado da montanha o sino da liberdade, para que enfim descubramos, como humanidade, os verdadeiros significados dos peregrinos do passado, que viveram e trabalharam para criar um mundo melhor.

Portanto, deixe soar em cada território de seu interior o som da liberdade. E, liberto dos velhos cárceres das impossibilidades, tornar-se livre para sorrir.

Que seu sorriso seja o espelho da esperança, a certeza de novos amanhãs.

QUANDO VOCÊ ENCONTRAR ALGUÉM SEM SORRISO, O MELHOR A FAZER É DAR UM DOS SEUS.

"Quem não consegue se esvaziar das suas verdades não consegue abrir as possibilidades dos pensamentos."

8. PENSAR É CRESCER

"Nossos corpos são nosso jardim...
nossas vontades são jardineiros."
(William Shakespeare)

Se o seu destino é pensar, então assuma o privilégio de escolher com determinação os melhores pensamentos. Ofereça o que tiver de melhor. Pensar é nosso destino.
É crescer! É escolher! É viver!
A sociedade moderna vive uma crise de pensadores. Como afirmou Augusto Cury: "A cultura e o pensamento estão cada vez mais massificados, o belo está cada vez mais estereotipado, o consumismo se tornou a droga coletiva e os paradigmas socioculturais engessam cada vez mais a inteligência humana".

Essa é a razão por que a arte de pensar está sufocada pela correria do mundo globalizado.

A satisfação e a aventura de redescobrir a si mesmo nos territórios da mente estão sendo negligenciadas e obstruídas pelo dilúvio de informações da era do conhecimento. Carecemos de artesãos do pensamento, cultivadores do jardim da sabedoria.

Que sejam bem-vindas as provocadoras e magistrais palavras proferidas por Blaise Pascal, no século XVII: "O homem nada mais é do que um caniço, o mais frágil da natureza, mas é um caniço pensante. Não é necessário que o universo inteiro se arme para massacrá-lo. Um vapor, uma gota d'água bastam para matá-lo, mas, quando o universo o matar, o homem será ainda mais nobre que aquilo que o mata, porque ele sabe que morre e conhece a vantagem que o mundo leva sobre ele. Toda nossa dignidade, portanto, consiste em pensar ".

CONSAGRA-TE A PENSAR MELHOR SE DESEJAS SER VERDADEIRAMENTE LIVRE.

2.
GERENCIE PENSAMENTOS SAUDÁVEIS

"Pensar é transformar-se."

1. PENSAR BEM É PRECISO

A grande lei da qualidade de vida é gerenciar seus pensamentos. O Ser humano pode se tornar o ator principal do roteiro de sua mente com a sua capacidade de decisão.

O perigo maior para a qualidade de vida é ser encarcerado pelos próprios pensamentos, que se tornam "torniquetes" da inteligência.

Governar a construção dos pensamentos é a chave para superar a eficiência e chegar à eficácia expressa em efetividade. Pensar bem é um dos mais importantes pilares de uma vida saudável, um pilar que se constrói ao longo da vida.

Para viver todo o seu potencial é preciso descobrir o poder dos seus pensamentos e palavras. Esteja você consciente ou não, há uma batalha de pensamentos dentro de você.

Na arena dos pensamentos, podemos vencer ou perder batalhas, pois deles é que advêm as ações, as atitudes e a auto-imagem.

Os pensamentos moldam o caráter e geram o destino, e é por essa razão que a Psicologia Multifocal propõe o gerenciamento dos pensamentos como uma das fontes indispensáveis à saúde emocional.

As nossas emoções seguem os nossos pensamentos. O plantio de bons pensamentos produz um destino da mesma qualidade. A nossa vida é feita do mesmo tecido dos nossos pensamentos. Por isso a sabedoria cristã afirmou no século I: "Transformai-vos pela renovação da vossa mente..." (Rm 12:12)

O melhor somente virá como fruto dessa transformação nos recônditos da mente.

**TUDO O QUE IRÁ ACONTECER EM SUA VIDA
É FRUTO DE SUAS ESCOLHAS.**

"A felicidade não é obra do acaso, mas uma conquista."

2. SERVIR É A CHAVE-MESTRA DA VIDA

A vida é curta demais para você viver fazendo o que não gosta. A vida é um conto ligeiro. Sêneca, o filósofo do século I, disse: "A natureza nos criou dóceis e nos deu uma razão imperfeita, mas capaz de se aperfeiçoar".

Alguém já havia escrito que o tempo "que temos para viver na Terra não passa de um momento passageiro. Como uma vela, somos iluminados, brilhamos por um tempo e depois nos apagamos".

É sábio e bom aprender a viver feliz durante esta rápida visita no tempo. Também se faz necessário desaprender, a fim de reconstruir novos projetos que abarquem um sentido maior de existir.

Felicidade é um alvo a ser alcançado. O laureado pelo Prêmio Nobel da Paz Albert Schweitzer, que serviu como médico na África, observou num discurso de paraninfo: "Eu não sei como serão suas vidas, mas uma coisa eu sei – os únicos dentre vocês que serão realmente felizes serão aqueles que procurarem descobrir como servir". Portanto, ser feliz é uma arte a ser aprendida dia após dia. Decida contemplar o encanto de cada momento tornando-o marcante. Ser feliz é aperfeiçoar a habilidade de observar os eventos do "Agora" como se fossem únicos. Portanto, procure ajustar a sinfonia de seu coração com o da platéia da existência.

O Mestre dos mestres exalava felicidade, porque viveu um estilo de vida em que fazia das pequenas coisas um espetáculo que fertilizava corações. Apesar de cercado por adversidades e incompreensões, brilhou como ninguém.

FELICIDADE É UMA DECISÃO ASSUMIDA, NÃO UMA EMOÇÃO ESPERADA.

"Para lançar raízes é necessário remover as pedras, o cascalho do nosso ser."

3. REMOVA PEDRAS

Os sábios são hábeis em remover pedras, construir pontes e fertilizar o solo da imaginação com sementes de esperança.

Os sábios exorcizam a mediocridade das idéias e se vacinam contra o vírus do superficialismo emocional.

Os sábios buscam a hora e o momento para lançar raízes. É por isso que percebem a excelência do aprendizado na escola da vida.

Parafraseando Augusto Cury, eu diria que sabedoria é aprender a "descobrir o sabor da água, a brisa no rosto, o aroma das flores, o balançar das folhas sob a orquestra do vento". É enxergar além das imagens e perceber muito além dos sons. É ver além, pelo holofote do coração.

Para a fé cristã, remover pedras é entrar em harmonia com o Autor da vida, "tendo a certeza e a convicção de que Ele pode remover as pedras e Ele o fará".

Fé é compreender que há um poder à sua disposição para fazer aquilo que você não pode fazer. Com fé é possível então "remover as pedras que não se pode mover".

Fé e persistência são dois elementos conectados à arte da superação. Com fé e persistência, você pode construir novas atitudes que, de maneira jubilosa, o tornarão capaz de enxergar oportunidades mesmo em momentos de crise.

Sejam quais forem a mudanças necessárias na sua vida, será indispensável, ao projeto de transformação e sucesso, remover pedras, obstáculos e sabotadores mentais.

Ao remover pedras emocionais, ficamos livres para redecorar o andar de cima de nossa casa interior, onde habita a razão.

LIBERTAR-SE DO FAST-FOOD EMOCIONAL
É REFAZER A ARQUITETURA DA VIDA.
ELIMINAR ANDAIMES,
FIRMAR COLUNAS.

"*A paciência é o diamante da personalidade; poucos são seus amantes, mas os que a conquistam colherão os mais excelentes frutos.*"

4. A PACIÊNCIA É MEDICINAL

A paciência é o remédio para os grandes males humanos. É a curandeira das feridas da alma, que elimina o veneno da intolerância.

Quem cultiva a paciência recria um mosaico na inteligência e transforma imaturidade em sabedoria.

A paciência é a professora dos sábios, que ensina a ter coragem e persistência, superando as frustrações e decepções da vida. A paciência produz gestos de compreensão diante das fúteis agressões da inveja. É o tesouro do agricultor, que após plantar sementes, as cultiva com fé e por isso descansa.

É a paciência que dá a segunda chance àqueles de "estopim curto", para que façam melhores escolhas e tenham novas arquiteturas na plasticidade da mente.

A paciência é o agente que nos liberta dos cárceres do ódio, ao dar tempo para o arrependimento e a mudança de rumo.

É o elixir dos vencedores, que persistem apesar do caos das adversidades. A paciência é irmã gêmea do êxito. Foi com ela que Thomas Edson foi capaz de passar por dez mil experiências de fracasso, até conseguir a resposta que procurava: aperfeiçoar a lâmpada elétrica.

A paciência é a companheira fiel dos que persistem e são vitoriosos; nunca decepciona, sempre traz frutos.

É POSSÍVEL COLHER EXCELENTES FRUTOS TÃO-SOMENTE EXPANDINDO OS PENSAMENTOS.

"O passado é uma cortina de vidro; então, felizes os que o observam para poder caminhar no futuro."

5. A CORTINA ABERTA PARA O FUTURO

O passado não é uma prisão, mas um espelho da experiência refletida no rio do tempo, à espera de reedição.

Observe o que passou com a habilidade de um engenheiro de idéias que constrói andaimes de um futuro possível.

Assim você será capaz de começar a desfazer as cordas que o prendem aos traumas do passado, eliminando imaginações estéreis e amarras que o impedem de mudar.

As experiências vividas serão como um espelho que o farão caminhar para o futuro de maneira diferente por meio de novas escolhas.

Exorcize de sua mente os pensamentos que lhe impeçam de crescer.

Decida aprender a desaprender, a fim de poder aprender mais. Isso sempre lhe abrirá novas janelas e renovará todas as suas expectativas.

O aprendizado é algo que a mente não pode esgotar. Não receie e nem tema aprender mais. "Tudo o que é verdadeiro também é meu", afirmou Sêneca, no século I.

Aprender é necessário!

Sempre é possível aprender uma nova lição com o que acontece e se pôr a caminho de novas estruturas, firmando um futuro brilhante.

O PASSADO DEVE SER REEDITADO, NÃO COPIADO.

"Quando somos livres por dentro, nada nos aprisiona por fora."

6. DE DENTRO PARA FORA, SEJA LIVRE

Ser livre é reinventar-se a cada momento, com novas escolhas, e isso é possível pelo pensar. Quanto mais cedo você aprender, melhor.

Ser livre por dentro é superar o que se oculta embaixo do tapete da memória. É decidir não ser vítima diante das adversidades, mas reescrever a história.

Ser livre é ter audácia ao enfrentar os problemas do cotidiano. É violar a superficialidade que amedronta e encarcera mudanças.

Muitos são fechados em si mesmos, tal qual um casulo. Têm mentes engessadas e emoções presas ao passado. O fato é que não conseguem liderar a si mesmos como pessoas.

Um exemplo registrado na Bíblia é a do rei Saul, que reinou sobre a nação, mas não conseguiu reinar sobre si mesmo. Suas emoções e pensamentos eram palcos de batalhas e derrotas.

Somente quem é livre por dentro também o será por fora. Ser livre é sair dos seus porões interiores e olhar ao redor, e quem sabe respirar pela primeira vez com todo o ser.

O Mestre dos mestres fez uma declaração que poderia ter saído de qualquer centro científico do mundo: "e conhecereis a verdade, e a verdade vos libertará" (João 8:32). Jesus foi um arauto da liberdade, queria que todos fossem livres. Anunciou um reino que começa dentro de nós, um reino de liberdade. "Não prometeu", disse Augusto Cury, "plantio sem tempestades, caminhos sem riscos, trajetórias sem acidentes, trabalhos sem dificuldades. Mas prometeu força nas perdas, sabedoria nas tormentas e consolo no desespero."

Decida sair dos escuros becos da alma e comece a ouvir a melodia da brisa sob a regência do vento.

DEIXE A SUA IMAGINAÇÃO ALÇAR VÔOS MAIS ALTOS.

"As raízes de uma árvore são o segredo do seu sucesso."

7. LIBERE O SEU POTENCIAL

O que você vê não é tudo o que existe na realidade da vida. A verdadeira fonte encontra-se no mais profundo das coisas. Nas raízes está o segredo das árvores, pois elas foram geradas de sementes excelentes.

Nada na vida é imediato. Tudo o que acontece é resultado de um processo. Nada é feito de maneira completa e acabada.

Há um princípio na fonte de todas as coisas: o potencial está nas sementes, que vão gerar raízes fortes e profundas.

Concordo com o brilhante escritor das Bahamas Myles Munroe: "No minuto que começamos a nos satisfazer, nos acomodar com o que temos, perdemos a possibilidade de revelar o que realmente está dentro de nós. Muito freqüentemente, morremos sem explorar os dons, habilidades e sucessos que estão ocultos em nós".

Precisamos descobrir as raízes de nossos potenciais, para que não se perca essa riqueza com a qual viemos a este planeta.

Não permita que as próximas gerações sejam empobrecidas unicamente porque enterramos nossos talentos, em vez de revelar a riqueza de nossos potenciais.

Não desista até que você tenha vivido o máximo do sucesso contido nas raízes de seu ser. Abra o presente entregue pelo Autor da Vida a esta geração que é você.

RESPONSABILIDADE É EXPRESSAR E DESENVOLVER HABILIDADES.

"Não tenha medo da vida, tenha medo de não viver. Não tenha medo de cair, tenha medo de não caminhar."

8. DECIDA-SE PELA CORAGEM

Fomos criados para a coragem. A coragem não é vítima de nossas emoções, mas resultado de nossas escolhas. Myles Munroe escreveu: "Quando uma pessoa limita o que ela pode ser, ela limita o que será".

No livro *O Sucesso Nunca Termina, o Fracasso Nunca É Definitivo*, de Robert Schüller, há uma inspiradora história que aconteceu com o autor:

Um dia um homem pediu um autógrafo num aeroporto. Ele disse: "Posso ter o autógrafo do senhor?"

"Dr. Schüller", disse o homem, "este livro me ajudou. Estou completamente falido. Comecei meu próprio negócio, mas perdi tudo o que tinha. Minha firma estava indo bem. Expandi-me, com uma nova fábrica e equipamento novo. Estava tudo dando certo. Subitamente, gente que me devia dinheiro não pagou. As pequenas firmas 'entraram pelas tubulações'. Um par de grandes negócios malogrou. Dei uma olhada em minhas contas a receber e, de repente, tudo que eu esperava de entradas tinha murchado. Minhas contas de receber não valiam nada. Quando isso aconteceu, também afundei. É como estou hoje. Mas seu livro está ajudando."

Olhei para este inteligente jovem homem de negócios e disse: "Antes de qualquer coisa, permita que eu o corrija. Você não perdeu tudo que tinha".

"Oh!", disse ele, "mas perdi!"

"Não", protestei. "Não penso assim. Você tinha algo, antes de entrar no mundo dos negócios. Tinha um sonho. E você teve garra para tentar. Isto você não perdeu."

Replicou: "Penso que perdi".

Argumentei: "Oh, não! Ninguém perde jamais a coragem. Coragem é alguma coisa que nunca se perde, porque coragem é alguma coisa pela qual sempre se pode optar!"

A CORAGEM NÃO É UMA DÁDIVA, MAS UMA DECISÃO.

3

ADMINISTRE EMOÇÕES PARA TER QUALIDADE DE VIDA

"Quem não aprende a proteger sua emoção tem grandes chances de ser um escravo em sociedades livres."

1. ADMINISTRE AS EMOÇÕES

Desde o nascimento somos nutridos pelas emoções. Não se vive sem afeto. As primeiras emoções estruturam toda a nossa personalidade.

As emoções são fundamentais para a experiência humana. Segundo muitos estudiosos, as emoções estão inscritas nas estruturas genéticas.

Para a Inteligência Multifocal, administrar emoções é uma das mais importantes leis da qualidade de vida (vide nosso livro *Quatro Passos para a Mudança Interior*, Editora Cultrix, SP, 2008). Tudo o que fazemos na vida envolve emoções. Utilizá-las com sabedoria é a chave para tomar partido das melhores escolhas, livre dos bloqueios internos provocados pelas circunstâncias.

Os seres humanos têm reações imprevisíveis devido às emoções que vivenciam.

As emoções podem levar à mais rica liberdade ou nos encarcerar na mais dramática das prisões: os calabouços psíquicos. O gerenciamento das emoções é fruto do resgate da liderança do eu e da capacidade de administrar melhor os pensamentos. Ele o impede de continuar se movendo em círculos e o leva a seguir em frente, envolvido com propósitos carregados de sentido.

Administrar a sua emoção é manejar bem o leme do seu barco. É ser um viajante com mapa, ou ainda um aventureiro capaz de ler a bússola na busca de seus objetivos.

"Administrar a emoção é o nosso grande direito. Direito de ser feliz, de ser livre das mágoas, de ter prazer de viver, de navegar com segurança nas turbulentas águas das relações sociais." (Augusto Cury)

**UMA VIDA PURAMENTE RACIONAL
SERIA UMA CONTRADIÇÃO.**

"A mais grave solidão não é aquela em que a sociedade nos abandona, mas aquela em que nós mesmos nos abandonamos."

2. TORNE-SE MELHOR DO QUE TEM SIDO

Somos viajantes nas trilhas da história. Nunca solitários. Precisamos uns dos outros, mas principalmente de nós mesmos. Alguém precisa dos potenciais e talentos que você trouxe ao matricular-se na escola da vida.

Uma das maiores mentiras em que as pessoas acreditam é que precisam ter a aprovação e a aceitação de todos. "A menos que todos me amem e me aceitem, não posso me sentir bem quanto a mim mesmo." Eis uma das piores crenças a encarcerar mentes.

Essas pessoas se convertem em "camaleões sociais", pois vivem mudando de cor para serem aceitas. Buscam agradar os outros para ganhar aprovação pessoal nas relações interpessoais. Com o tempo perdem sua própria cor como indivíduo e se sentem abandonadas. O pior é que acabam por abandonarem-se a si mesmas.

A verdade é que nunca vamos agradar a todos e compreender isso nos faz encontrar a nós mesmos.

Um dos melhores conselhos que meu pai me deu foi me desafiar a dar o melhor de mim mesmo em todos os empreendimentos.

Aceite-se para se tornar a pessoa que você foi criada para ser. Você é uma idéia de Deus, e Ele só tem boas idéias.

O que você pensa de si mesmo tem um impacto muito maior na sua vida do que o que pensam as outras pessoas.

Com sabedoria, dizia um dos meus professores: "Quem está bem consigo mesmo está bem acompanhado".

SENDO BOA COMPANHIA PARA SI MESMO, VOCÊ SERÁ MELHOR AINDA PARA OS OUTROS.

"Quem não tiver um caso de amor consigo mesmo jamais amará as pessoas com quem se relaciona."

3. O HÁBITO DE SE APAIXONAR

Tenha um caso de amor consigo mesmo. O amor é a vida acontecendo no momento: sem passado, sem futuro, presente puro, é a eternidade refletida nos solos da memória a exorcizar desertos de solidão.

O poeta Robert Frost namorou a vida a cada instante. Na sua lápide, ele mandou escrever: "Teve um caso de amor com a vida..."

Somos criados para amar. Todo amor é medicina, escreveu Edgar Morin, em conexão com a afirmação: "Toda medicina é amor". E acrescenta: "O médico Amor nos diz: Ame para viver, viva para amar. Ame o frágil e o perecível, pois o mais precioso, o melhor, inclusive a consciência, a beleza, a alma, são frágeis e perecíveis".

Sabemos que o máximo da poesia, o ápice da sabedoria de viver, enfim, o verdadeiro encontro consigo mesmo é o amor. Então se apaixone por si mesmo e viva humanamente.

Ao amar-se, você cumpre a lei maior do Mestre da vida, "Amarás o próximo como a ti mesmo". Viver assim é deixar-se inundar de alegria, comemoração, gozo e encantamento pela vida, enquanto comemora a esperança, em meio ao deslumbramento da exaltação e do êxtase.

Cada pessoa neste universo pode, se assim quiser, revolucionar sua qualidade de vida, tão-somente aprendendo a administrar suas emoções, ao declamar o alfabeto do amor.

Jamais se esqueça: "O amor irriga a existência com sentido. Sem amor, a vida se transforma num canteiro de tédio".

(Augusto Cury)

Podemos dizer que amar eficazmente a si mesmo é recusar-se a aceitar a sua própria caricatura. Rasgar todas as máscaras pré-construídas é a condição para que a verdadeira face humana apareça no esplendor da verdade.

O AMOR É O APOGEU DE MENTES SAUDÁVEIS.

"O amor une, ata, entrelaça. O amor rompe todas as barreiras e aproxima todas as distâncias."

4. VIVA NA MEDICINA DO AMOR

*"Amar é admirar com o coração.
Admirar é amar com o cérebro."*
(Theophile Gautier)

O amor une, ata, entrelaça. O amor rompe todas as barreiras e aproxima todas as distâncias. O amor caminha de mãos dadas com a paz interior. É o maior antídoto contra o medo. "O perfeito amor lança fora o medo." (Jó 4:18)
    O amor é a medicina de gratos corações que dançam a valsa maior do Universo, por isso não pode ser obrigação, mas dádiva. Se romper essa regra, morre. Pode se perder o amor, mas o amor jamais se perde. Sabe porque sabe o que quer. O amor é bússola segura. É o melhor guia dos mapas do íntimo. Tem a mesma sinfonia e ritmo do coração.

Ame para agir. Aja para amar. Amor é ação, realização e serviço. É uma usina que libera incrível força que transforma comportamentos. E energiza a vida. Compreender as dimensões do amor ajuda, e muito. Tillich, pensador cristão, assim expõe as quatro formas de amor: "O amor como *libido* é o movimento do que está em necessidade em direção àquilo que satisfaz sua necessidade. O amor como *philia* é o movimento do igual em direção à união com o igual. O amor como *eros* é o movimento daquele que é inferior em poder e sentido para aquele que é superior". E acrescenta: "Mas existe uma forma de amor que transcende essas, a saber, o desejo de que se cumpra plenamente o anseio do outro ser, o anseio por sua plenitude última". Essa forma de amor é conhecida por *Ágape*. Afirma o outro incondicionalmente, independentemente de qualidades melhores ou piores, agradáveis ou desagradáveis.

Precisamos expandir as funções mais importantes da inteligência para amar, velejando pelas águas de numinosas emoções.

**O AMOR ÁGAPE ACEITA O PRÓXIMO
E BUSCA SUA REALIZAÇÃO.**

"Ninguém é digno das flores, se não sujar as mãos para lavrar a terra e cultivá-la."

5. ETERNIZE MOMENTOS

O poder de eternizar momentos é a arte de se deixar fotografar no mais profundo das emoções, pelo encanto e pela beleza da natureza.

Precisamos aprender a cultivar o melhor da vida, como um jardineiro fiel. Permitindo reescrever as páginas da existência com a habilidade de um poeta da vida. Trafegar pelos canteiros do coração, ao ritmo da sinfonia do Universo.

Cuidar bem de nosso jardim emocional exige disciplina e esforço na busca de conhecimento. É preciso muito CHÁ (Conhecimento, Habilidade e Ação).

Sintonizar os olhos com o coração, mantendo-se atento ao belo e tendo paixão pela vida. Descobrir a dança das cores que a cada dia enriquece as paisagens com uma pluralidade dançante.

Cultivar flores é se deixar encantar pela vida. É eternizar momentos únicos, pois "tudo passa rapidamente", e a flores são o anúncio perpétuo do valor de cada instante. As flores não apenas revelam a brevidade delas, mas também a nossa. O Mestre da sensibilidade uma vez disse para aprendermos com os "lírios do campo". Parafraseando um antigo sábio: "Não é possível registrar duas vezes o mesmo momento".

Capturar cada Agora é mostrar a ousadia da sensibilidade que toca a estética da vibração emanada do natural.

Aprecie os pequenos eventos do viver, refinando a capacidade de ver além das aparências, aprimorando a arte de encantar-se pela vida, deixando sua memória ser fertilizada por novas sementes.

Aprenda a contemplar com os olhos do coração. Como uma máquina fotográfica, permita que seu interior tenha o privilégio de fotografar imagens que refletem a criatividade Daquele que ergue carinhosamente o Universo na palma das mãos.

CONTEMPLAR É A ARTE DA SENSIBILIDADE DIANTE DO BELO.

"O medo irracional é o maior ladrão da inteligência."

6. TREINE AS SUAS EMOÇÕES

A finitude na consciência humana revela-se como angústia. Assim declara Paul Tillich: "Como qualidade do ser, a angústia é tão onipresente quanto a finitude". Ela é independente de qualquer objeto específico que a possa provocar. O objeto da angústia é o "nada" – e o "nada" não é um objeto. Os objetos são temidos. Podemos ter medo da dor, de um perigo, de um inimigo. Também podemos vencer o medo pela ação, pelo gerenciamento dos pensamentos. No entanto, estejamos conscientes que nossa finitude não pode vencer nossa finitude. A saída é a fé que busca o infinito para dominar o finito e gerar o descanso da alma.

O que podemos e devemos fazer é nos libertar do medo e assim exorcizar uma das piores criações do homem. Os medos irracionais precisam ser separados dos racionais, ou seja, os necessários à autopreservação, mais bem definidos como prudência.

Com sabedoria, afirmou Napoleon Hill, "O medo é o mais poderoso dos motivos negativos. É como uma oração ao contrário. Em lugar de invocar as forças construtivas que nos cercam, invoca as forças da destruição. O medo torna-se um deus em si mesmo, exigindo sacrifícios intermináveis e dolorosos".

Resgatar a liderança do eu é uma poderosa arma da Psicologia Multifocal, para se construir uma vida triunfante. Age como uma intensa força em harmonia com o Autor da Vida, ao compreender que fracassos são temporários e a possibilidade de mudança para um futuro melhor nunca termina. Não é preciso ser gigante, mas seja um aprendiz na arte de gerenciar suas emoções.

**ACREDITE NA FORÇA QUE ESTÁ
À SUA DISPOSIÇÃO NO
CATÁLOGO DO UNIVERSO.**

"Educar a sensibilidade é entender que as gotas de chuva irrigam as flores e as gotas de lágrimas irrigam a existência."

7. EMOÇÕES QUE ENRIQUECEM

As gotas das lágrimas irrigam a existência humana. Como já foi dito, a vida é uma coleção permanente de ganhos e perdas; para algumas pessoas, mais perdas do que ganhos.

À medida que o tempo passa, ao aprendermos administrar as emoções podemos experimentar um tempo melhor em nossas vidas. Estamos em processo. Somos seres avançando sempre.

A natureza é sábia, enquanto enfraquece o corpo aumenta a sabedoria.

O nosso cérebro é hábil ao aplicar o fenômeno da psicoadaptação. Sem ele, diante das perdas e tragédias, seria impensável a caminhada da vida.

Sensibilidade é essa habilidade de ver além do trivial, procurando garimpar ouro no meio dos cascalhos da vivência. É aprender a ser um cultivador de ostras, apesar das feridas da alma. É ter êxito.

O êxito é melhor do que o sucesso, pois é algo a ser construído de dentro para fora, não algo que se espera dos outros. Administrando as mazelas emocionais, ficará mais fácil ter uma mente desembaraçada para avançar com esperança, enquanto buscamos pistas que nos orientem. De acordo com a teoria de Inteligência Multifocal, para administrar as emoções, é preciso praticar a técnica do DCD (a arte da Dúvida, da Crítica e da Determinação). Imediatamente duvide de qualquer pensamento perturbador; isso implica duvidar do conteúdo doentio das emoções. Criticar essa baixa qualidade nos sentimentos e se determinar a abrir novas janelas nos territórios da mente farão com que você fique livre de mazelas psíquicas, superando assim os transtornos emocionais. O Criador, em sua sabedoria e inteligência infinita, dotou você de uma fascinante capacidade: a escolha.

A MENOS QUE VOCÊ PERMITA, NINGUÉM PODE FAZÊ-LO SE SENTIR MAL.

"Ter um romance com a vida é fazer poesia sem escrever palavras."

8. UM POEMA DA VIDA PARA A VIDA

Podemos ser autores ou vítimas da nossa história. A vida é feita de escolhas.

Infelizmente há muitos que, por não gerenciarem seus pensamentos, têm destruído seus sonhos. Acabam permitindo que zonas de conflitos secretamente arquivados nos solos da memória determinem os resultados de sua vida.

Mas é possível mudar os pilares de nossa história iniciando novas configurações no mosaico dos pensamentos.

O gerenciamento das emoções é um convite para sair da mazelas das favelas psíquicas e ter um romance com a vida, plantando novos jardins nos recônditos da alma.

Ter um romance com a vida é uma atitude de coragem, pois é a decisão de não mais fazer da emoção e da memória uma central de entulhos.

Determine-se a fazer diariamente uma higiene mental, assim como faz diariamente uma higiene bucal. Faça uma faxina em seus pensamentos negativos. Jogue no lixo a agressividade, a insegurança, os sentimentos de não valer nada, a impulsividade e os complexos de inferioridade.

Não podemos apagar fatos registrados na memória, mas podemos decidir quais desses registros determinarão a coreografia no palco de nossas emoções. Somos *homo sapiens* e, ao mesmo tempo, *homo demens*. Isto é, somos sábios e justos, falhos e frágeis. Podemos investir melhor nossa energia psíquica agradecendo mais e reclamando menos.

Arranque as ervas daninhas da autocomiseração e plante novos jardins em seu interior. Isso é fazer da vida uma poesia.

SEJA PROFUNDAMENTE APAIXONADO PELA VIDA.

4

REEDITE SEU PASSADO E REESCREVA UM NOVO FUTURO

"Sem esperança secam-se a alegria de viver e o desejo de mudar."

1. ASSUMA A FORÇA MOTRIZ DA ESPERANÇA

Ao reeditar nossa memória, abrimos avenidas para um novo futuro. Somos seres em processo de mudança. "A mudança é ferramenta do progresso humano", afirmou Napoleon Hill, "não só no que diz respeito às nações, mas também na vida dos indivíduos". Mudar é a lei do crescimento.

A esperança é a chave detentora de novos amanhãs, festivos e cantantes.

Podemos, se desejarmos, reeditar nossas vidas, e esse é o maior dos desafios que temos para o futuro. Somos chamados, na vida, a ser um "cavaleiro da esperança".

É a esperança que conserva a fé viva, a sustenta e impele para a frente. É ela que mobiliza e impulsiona o pensamento em direção à realização de sonhos, transformando inquietude em reflexão e aprendizado.

É a esperança que nos dá a certeza da provisoriedade do viver bem ou mal, enquanto abre um horizonte para o futuro, amplo e vasto.

E lembre-se, em vez de reclamar da tempestade, ajuste as velas, na direção de melhores propósitos.

Segundo o Dr. Augusto Cury em seu livro *Inteligência Multifocal*, "a esperança é o fôlego da vida, o nutriente essencial da emoção, apenas alguns respingos de esperança são necessários para que o bom humor se restabeleça e a garra retorne".

Hoje é um Novo Dia!

O sol está brilhando, o céu está azul! Há um novo dia amanhecendo para você, para mim. Com toda a alvorada do sol.

Novas possibilidades começaram. Com cada romper de manhã. Oportunidades novas estão nascendo de novo.

(Robert Schüller)

"SÓ HÁ PROGRESSO ONDE EXISTE ESPERANÇA."
(Steven Spielberg)

"Não basta saber, é também preciso aplicar; não basta querer, é preciso também agir."

2. ANALISE O POTENCIAL DAS POSSIBILIDADES

Quem sabe faz a hora, não espera acontecer. Os filósofos gregos já diziam: "Se você conhece e não faz, é porque ainda não conhece".

Parar de acolher nos solos da memória sementes-sugestões de negatividade é a chave para reeditar a nós mesmos e buscar novos começos, criando novos mapas, carregados de propósito.

Viver é dar a si mesmo a oportunidade de mudanças. Uma boa pergunta para começar a pensar seria esta: que sonhos você abraçaria se soubesse com certeza que poderia ser bem-sucedido?

Liberdade de escolha é uma dádiva do Criador. Ser um pensador de sonhos realizáveis fará de você um vendedor de possibilidades.

Reeditar-se é o caminho para incríveis mudanças. E para mudar é preciso pensar e refazer caminhos. Encontramos este belo texto: "Viver deveria ser uma permanente reinvenção de nós mesmos – para não morrermos soterrados na poeira da banalidade, embora pareça que ainda estamos vivos". (Lia Luft)

A arte de viver exige a busca permanente de novas possibilidades, de continuar sonhando, mudando o rumo das velas interiores, percebendo que é possível sair dos porões da alma e respirar de novo.

Reeditar é recriar-se, reelaborar caminhos a partir de dentro, e isso é viver, não apenas levar a vida. Viver é a ousadia de exercer a coragem, apesar das contradições. É saber saborear o doce e o amargo. Na vida temos "não somente pão-de-ló, mas também jiló".

Reeditar é não desistir de sonhar, é manter acesa a chama da esperança – sem isso nada mais tem sentido.

Viver cada momento, fazendo o melhor, falando o melhor, sendo o melhor. No que declaramos acabamos crendo, e o que cremos recebemos.

FALE, CREIA, RECEBA!

"Arrepender-se é repensar caminhos, revisar conceitos, mudar de rota. Quem não repensa sua vida será sempre vítima e não autor de sua história."

3. ALTERE A SUA ROTA

Conta-se um episódio acontecido em certo iate particular britânico. O capitão ao reassumir o comando, após delicioso jantar, observou, surpreso e assustado, luzes se aproximando, rumo a uma inevitável colisão.

"Diga-lhes que alterem seu curso!", gritou numa ordem desesperada ao chefe de sinalização.

"Alterem seu curso" foi o sinal enviado pelo iate britânico.

Imediatamente, as luzes de comunicação devolveram a mensagem: "Alterem seu curso. Alterem a rota."

O capitão arrepiou afrontado:

"Sinalizamos primeiro. Vocês alterem o curso", foi sua próxima mensagem.

Imediatamente, a luzes estranhas sinalizaram:

"Não é possível. Vocês devem alterar o curso."

O capitão, indignado, ordenou ao chefe de sinalização:

"Diga quem somos e quem temos a bordo!"
O sinaleiro enviou a mensagem:
"Aqui é o capitão John Smith. Este é o iate particular de sua majestade real. Temos a bordo o príncipe Charles e a princesa Diana. Esta é uma ordem real: *Alterem seu curso!*"
Por momentos, silêncio e escuridão à distância.
Então, as luzes reapareceram com a mensagem:
"Aqui é Fred. Cuido deste farol há vinte anos!"
A humildade para mudar é bom remédio, é um antídoto contra a soberba e evita o fracasso. Portanto, se errar, não tenha medo de confessar: "Eu errei". Imediatamente assuma o barco, não para lançar torpedos, mas para corrigir a rota. Lembre-se de que, enquanto o orgulho precede a ruína, a humildade é o primeiro degrau para uma vida bem-sucedida.
"A soberba exila o ser humano de si mesmo; a humildade o devolve à sua intimidade." (Agostinho de Hipona)

A HUMILDADE É O ÍMÃ QUE ATRAI O MELHOR PARA A SUA VIDA.

> *"O destino não está programado, nem é inevitável, mas é uma questão de escolha."*

4. DESCUBRA O SEU DESTINO

Qual o significado e o propósito da vida? Essa é a maior pergunta do coração humano. Viver com propósito nos dá um sentimento de significado e plenitude.

Viver com sabedoria envolve escolher um caminho de harmonia com a preocupação última da existência. Os físicos modernos falam de ter um atrator. Isso significa que tudo se dirige para um ponto. Os teólogos falam da preocupação última (*ultimate concern*). O sábio de Eclesiastes escreveu, "Há um tempo e uma estação para cada propósito".

Nosso maior destino é voltar para "casa". Somos todos "pródigos", não somente o filho que saiu de casa, mas também o que ficou. Há no coração humano "um vazio, que tem a forma de Deus", anunciou Blaise Pascal. Há uma sede no coração humano pelo que transcende, uma convicção interior por realização última.

Somos filhos pródigos quando insistimos em dizer não ao indicador que aponta para o endereço de nossa fonte primeira. Ou quando negamos ouvir a voz interior que sinaliza a ponte da religação humana, fonte que nos harmonizaria com nossa essência.

De fato, somos pródigos quando deixamos nosso "eu real" em casa, esperando nossa volta, para celebrar festivamente o reencontro com nós mesmos, determinando um novo destino.

Viver é uma festa diária quando nos encontramos na casa do "Pai", vivendo ao ritmo de um "eu resgatado", com pensamentos gerenciados e emoções administradas. Reeditamos a música, na sinfonia da vida. Nas palavras de Gregório de Nissa: "Na harmonia daquela força de movimentação que provém do dançarino principal".

Nosso destino é o que cantou Hipólito (Roma 170-235): "Ó, dançador em rodas místicas (...) Ó, cósmica reunião festiva, ó alegria do universo, ó desejo e encanto, através dos quais o sinistro mal foi vencido".

**SIGA A PAZ EM SEU INTERIOR
E DESCUBRA A DIREÇÃO.**

> *"Tornar-se um pensador é atravessar as turbulências sem recuar, é caminhar nas tempestades sem medo de se molhar."*

5. ATRAVESSANDO TEMPESTADES

Sabe-se que os grandes navegadores devem às tempestades suas maiores epopéias. Vencer os medos e as contradições internas é a melhor maneira de reeditar nossos filmes interiores.

O processo pode ser o seguinte: derrubar cercas mentais erguidas, em geral, pela ignorância e a apatia. Arrancar as máscaras das desculpas, sempre as velhas desculpas que solapam nossa esperança com seus álibis de escape. É a percepção reducionista que produz confusão e não coesão.

Então, eis algumas diretrizes:

Em vez de "Não vou conseguir", decido rever meus planos. Reorganizar prioridades. Remodelar meus pensamentos. Reelaborar princípios de ação. Rever as antigas respostas encarceradas na "mesmice do medo". Mudar de caminho, pois existe um novo mapa.

Em vez de "É possível, mas é difícil", "É difícil, mas é possível".

Não sei fazer, mas posso achar quem me ajude. Alguém que me forneça ferramentas e novas ações práticas. Não importa se preciso de mais tempo, vou planejar um novo fluxo, revisar minha agenda, mas fazer o que tem que ser feito.

O que preciso é de urgentes idéias criativas, que liberarão um novo tempo de entusiasmo e paixão.

Vou gerenciar meus pensamentos e deixar de me vender barato no mercado da autoconfiança.

Ouça: se você de repente se der conta de que não é impossível, estará livre para fazer grandes escolhas que determinarão um destino melhor. Um novo amanhã.

Reconheça que é preciso interpretar melhor os mapas das trajetórias da vida, e que uma curva na estrada não é o fim da estrada.

Prossiga!

**ONDE O FRACASSO VÊ PROBLEMA,
A VITÓRIA VÊ SOLUÇÃO.**

"A vida é um jogo. Podemos perder em muitos momentos, mas não podemos admitir ficar no banco de reserva."

6. FAÇA SEMPRE O MELHOR

Fazer sempre o melhor é explorar e experimentar caminhos não trilhados, eliminando o "jogo das desculpas". Mesmo que isso signifique perder em muitos momentos. Sempre é possível recriar novas possibilidades, por meio de escolhas.

Fazer sempre o melhor é saber tomar decisões, superando o medo do fracasso. Um fracasso não é o fim, mas a certeza de que se tentou e poderá se tentar outras vezes de formas diferentes.

Fazer sempre o melhor é compreender que ainda não se chegou ao último degrau, então progredir é a chave de ir.

Fazer sempre o melhor é aplicar fé no agir e avançar com confiança.

Fazer sempre o melhor é aproveitar a vida para dar o grande salto para a melhoria contínua. Desistir jamais. Tentar com mais vigor, sempre.

Fazer sempre o melhor é sair do banco de reservas e perceber oportunidades novas e mais amplas, no jogo da vida. Não importa os riscos da imprevisibilidade, avançar é preciso.

Fazer o melhor é saber que a revisão da vida deve ser uma experiência constante, em que se verifica o próprio desempenho, enquanto se maximiza novos projetos.

Segundo Henry Ford, "Pense que pode ou pense que não pode, de um jeito ou do outro você está certo".

Busque novos horizontes. Acredite nos seus sonhos. Decida recomeçar. Vença a apatia. Arrisque-se a determinar, dedicar-se e desprender-se. A sabedoria consiste em lançar fora a cada dia o que não vale a pena.

**SE VOCÊ PODE IMAGINAR,
VOCÊ PODE CHEGAR LÁ!**

"Quem pensa em todos os acidentes do caminho paralisa-se."

7. EM BUSCA DA EXCELÊNCIA

Rir de si mesmo é um caminho para quebrar os espelhos interiores distorcidos. Somos o reflexo de nossa visão interior. O que o ser humano pensa em seu interior, assim ele é.

Pode ser patético, mas aconteceu, no final do século XIX. Um deputado dos Estados Unidos propôs fechar o escritório de patentes americano, sob a alegação de que "tudo que deveria ser inventado, já o foi". Dá para rir. Mas por que não rir daquele espelho que está dizendo que os problemas são grandes demais para nos deixar progredir, e que não há solução?

Como se tem afirmado, vivemos num mundo e numa época de progresso em espiral. Cada descoberta nova aciona novas possibilidades.

Quanto mais aprendemos, mais conscientes ficamos de nossa ignorância. A ciência agora descobre o infinito interior, o que os novos físicos chamam de *fractais*, ou seja, frações cada vez menores, com a mesma estrutura da fonte, numa geométrica em espiral infinita.

Tenho que concordar com o seguinte: "Quando penso quão longe fomos e quão longe ainda iremos, acredito que tudo é possível! No devido tempo, aprenderemos as respostas. No devido tempo, tornaremos possível o impossível!" (Richard Schuller)

Se você focalizar os problemas, eles ganharão a força de monstros imaginários, mas, se focar a Inteligência Infinita, os gigantes cairão.

Busque a excelência. Seja melhor do que tem sido até hoje.

Deixe sua marca na história.

**HÁ EM CADA SER HUMANO
UMA CHAMA PELA EXCELÊNCIA.**

"A presença inteligente da dúvida abre as janelas da inteligência e estimula a criatividade e a produção de novas respostas."

8. CULTIVE A ARTE DA DÚVIDA

Duvido, logo existo. Eis a arte da filosofia, o caminho da sabedoria. Confúcio escreveu: "Nada posso fazer por uma pessoa que não se questiona".

Se não ocorrer uma revolução na formação dos pensadores, o século XXI será a maior fábrica de doentes psíquicos que já se teve notícia. "O ser humano deste século tem grandes possibilidades de não conseguir conquistar as funções mais nobres da inteligência humana." (Cury, 2002)

A arte da dúvida é uma das maiores ferramentas para reeditarmos o filme do inconsciente.

O fato é que tudo aquilo em que acreditamos nos controla e prende. Se você crê que a vida tem valor, irá agir de acordo com isso. No entanto, se acredita que nasceu para sofrer, terá comportamentos nessa direção. A saída é duvidar. A dúvida destrói as favelas psíquicas, onde foram construídos cárceres de medos e sentimentos de desvalor.

Duvide de toda e qualquer emoção negativa, da timidez, do complexo de inferioridade, expressos em vários campos da vida. Duvide de que não consegue vencer o mau humor, de que não consegue derrotar a preocupação e a ansiedade.

Necessário é duvidar de qualquer sentimento de derrota ou de pensamentos negativos que ao longo da vida se tornaram campos de concentração, com seus carrascos implacáveis.

É por meio da arte da dúvida que preparamos nosso "eu saudável" para procurar novos espaços, a fim de ser mais forte e determinado. Assim a energia emocional não será como um cavalo indomável, seguindo para onde queira.

Por meio de choques de lucidez no território dos pensamentos e sentimentos, você conquistará um novo patamar de qualidade de vida.

SAIA DA PASSIVIDADE E BUSQUE NOVAS RESPOSTAS.

5

VIRE A MESA DE DENTRO

> *"Tudo em que você crê o controla."*

1. O PODER DA FÉ

A fé, como dizia Napoleon Hill, é o único antídoto conhecido para o fracasso. Tudo aquilo que repetimos para nós mesmos torna-se crença. Seja ela falsa ou verdadeira.

Somos o que somos por causa dos pensamentos dominantes que permitimos ocuparem a nossa mente.

Há um ditado popular segundo o qual, "Quem do medo corre do medo morre". Em outras palavras, podemos dizer que qualquer pensamento, transmitido repetidamente à mente, acaba sendo aceito como realidade.

Quando nos deixamos aprisionar pelos conflitos, pelas mentiras e pelos pensamentos negativos, somos induzidos à culpa e ao pensamento antecipatório.

Muitas vezes vivemos em função dos problemas do passado, remoendo os erros, escolhas malfeitas, desenvolvendo uma intensa culpa. Essa culpa excessiva limita a nossa alegria de viver.

Um homem escravizado pelas incertezas não encontra prazer em criar novas idéias; ele implanta limitações em sua própria mente, condenando-se a viver preso ao medo e à dúvida.

Há um conhecido Salmo de Davi que diz: "Ainda que eu ande pelo vale da sombra da morte, não temerei mal nenhum, porque tu estás comigo; o teu bordão e o teu cajado me consolam". (Salmo 23:4) Davi sabia onde colocar sua esperança. Ele a depositou no Autor da Vida, aprendeu com o Mestre inesquecível a superar com sabedoria as dificuldades.

Os cristãos primitivos afirmavam, diante das adversidades e fragilidades, que nas fraquezas sentiam-se fortes. Confiavam no poder do Criador.

Então, decida a partir de hoje colocar sua fé naquele que pode efetivamente fazer infinitamente mais.

**A ÚNICA LIMITAÇÃO DO SER HUMANO
É AQUELA QUE ELE IMPÕE A SI MESMO
QUANDO USA A IMAGINAÇÃO.**

"A felicidade não existe pronta; ela é uma eterna construção."

2. FELICIDADE, UMA CONQUISTA

Às vezes, para deixar de ouvir um não, vivemos na incerteza do talvez ou na desilusão da dúvida e na ameaça do "quase aconteceu". Aprendemos a viver com a dúvida que, apesar de nos incomodar, entristecer e nos aborrecer, ainda traz tudo o que poderia ter sido e não foi.

Felicidade não é um destino final, mas uma apreciação da viagem. Felicidade é poder, não sobre o outro, mas sobre si mesmo, expresso na coragem de arcar com as próprias escolhas e na possibilidade de saber da dor e da delícia de sermos o que somos.

Na distância, na frieza dos sorrisos, na frouxidão dos abraços, na indiferença dos "bons-dias" quase sussurrados à distância, deixamos a vida passar pelos anos.

O que nos leva a escolher essa vida sem graça, uma vida sem sonhos?

Medo de ser feliz e de lutar por aquilo em que acreditamos.

Mas a felicidade está na capacidade de nos maravilharmos a cada dia, não "por causa de", mas "apesar de".

Muitos preferem a derrota antecipada à dúvida da vitória, e isso é desperdiçar a oportunidade de viver intensamente, no abraçar das manhãs.

Para os erros há o perdão, quando se tem maturidade para dizer que errou. Para os fracassos, há uma nova chance. Para as coisas impossíveis, só mesmo o tempo.

Não deixe que o medo o impeça de tentar.

Desconfie do destino e acredite em você, traga o arco-íris para o seu dia, a cada momento. Deixe-o iluminar as tempestades.

Aproveite o tempo para sonhar, planejar, fazer e viver.

Construa a felicidade a partir de você, pois você é a pessoa mais importante no palco da existência.

LIBERDADE É O ESPAÇO DE QUE A FELICIDADE PRECISA.

"A consciência existencial gera uma explosão de liberdade que nos faz compreender e abraçar o mundo."

3. CONHECE-TE A TI MESMO

Já dizia Sêneca: "Deve-se aprender a viver por toda a vida". A consciência de si mesmo leva ao encontro do significado das coisas, da vida, das pessoas, dos encontros e desencontros.

Consciência é, a cada dia, olhar-se no espelho e dizer para si: eu quero ser eu mesmo.

O conhecimento de si mesmo leva à curiosidade, à força e aos desafios. É a ponte que nos une ao outro, sem fazer concessões às fragilidades e às fraquezas, buscando sempre encontrar qualidades no outro e, se encontrar defeitos, não ficar decepcionado.

É ir além de suas responsabilidades, dando mais e melhor de si do que lhe é exigido.

É saber que temos limites e limitações, e que nosso desafio está em desenvolver uma postura vencedora diante de cada um deles. É não fazer dos limites suas limitações antes de tentar todos os caminhos para superá-los.

A consciência existencial conduzirá a uma postura transformadora, trabalhando na essência, desenvolvendo a capacidade de se superar, realizar sonhos e de ser uma pessoa melhor. Conhecer-se é adquirir a confiança que gera a segurança, que eleva a auto-estima e, por conseqüência, leva ao espetáculo mais belo e complexo: o relacionamento com o mundo e com a criação, numa comunhão com o Ser Maior.

QUANDO OLHAMOS PARA DENTRO
DE NÓS, DESCOBRIMOS
O VALOR REAL DE TODAS AS COISAS.

"Não há lugar neste mundo onde possamos nos esconder de nós mesmos."

4. REINVENTANDO-SE

Como disse Nelson Mandela, "Aprendi que a coragem não é a ausência do medo, mas o triunfo sobre ele. O homem corajoso não é aquele que não sente medo, mas o que conquista esse medo".

Não podemos alterar o passado. Traumas podem ser raízes venenosas por baixo do tapete da nossa sala de estar interior.

A pior solidão não é aquela em que a sociedade nos abandona, mas aquela em que nós mesmos nos negligenciamos, quando perdemos a companhia de nós mesmos.

Podemos mudar nossa atitude em relação a tudo isso. A mudança é mais fácil quando nos comunicamos com o nosso "eu saudável".

Há uma necessidade de estruturar a comunicação com o nosso próprio ser. Muitas vezes formamos uma representação interior de nossas experiências e depois pensamos e decidimos que é assim que temos que viver.

Contudo, podemos nos libertar, abrindo novas janelas em nossa memória. Passar alguns momentos em nossa própria companhia. Ser nosso grande amigo, aprendendo a nos interiorizar. Isso implica aprender a ser um caminhante nas avenidas do próprio interior, construindo um diálogo íntimo.

E assim é possível mudar o significado de uma experiência e os fundamentos de qualquer comportamento.

Portanto, reinventar-se é poder tirar do estojo dos potenciais os instrumentos necessários para produzir resultados incalculáveis.

TRANSFORMAR TRAUMAS É ENCONTRAR O CAMINHO DAS POSSIBILIDADES.

"Os que desprezam os pequenos acontecimentos dificilmente farão grandes descobertas."

5. ABRAÇAR A VIDA

"Quando atingirdes o coração da vida, achareis beleza em todas as coisas."

(Khalil Gibran)

O que você vê através dos seus olhos? Isso fará toda a diferença, pois se não estiver com a cabeça erguida, você poderá estar com os olhos fixos no chão, perdendo suas reais possibilidades, correndo o risco de seguir na direção errada e de perder as grandes oportunidades da vida.

A fé e a esperança geram a capacidade de que precisamos para nos colocar como aprendizes diante da vida; eles são um tempero essencial para o sucesso.

É hora de educar a sensibilidade para descobrir as coisas lindas que nos rodeiam. É o momento de perceber a magia e ter um romance com a vida. Começar a rejuvenescer a emoção, transformando pequenos momentos em grandes acontecimentos, a apreciar os singelos eventos da vida, desenvolvendo a capacidade de observação.

Segundo Albert Shaw, o epitáfio de muita gente poderia ser este: "Morreu aos vinte, foi sepultado aos sessenta". Há jovens velhos, mas também há velhos jovens. Você envelhece quando pára de sonhar. Quando pára de praticar a arte da contemplação do belo. Quando não mais encontra beleza nos detalhes da vida. Quando não tem mais encanto pela excelência de existir.

Portanto, continue a sonhar, pois, se desistir, apaga-se a luz no fim do túnel e nada mais valerá a pena.

O Mestre da sensibilidade sabia contemplar as pequenas coisas e fazê-las grande. Disse, "Olhai os lírios do campo".

Dirija seu olhar para a vida, abraçando-a como ela é.

Aprenda a compreender que viver é descobrir que todas as coisas simples têm seu significado e encanto próprio. Tudo faz parte de um processo maior.

ABRA OS OLHOS DO SEU CORAÇÃO.

"Raramente honramos plenamente nossa capacidade de pensar."

6. A ARTE DE PENSAR

O ser humano foi visivelmente feito para pensar. Segundo escreveu Pascal, "nisso reside toda sua dignidade e todo o seu mérito, e todo o seu dever é pensar com acerto". Essa capacidade de pensar, ou de simplesmente aquietar-se para meditar e sentir, faz de nós verdadeiros artistas nessa arte. Pensar bem é preciso.

Pensar é inevitável para o ser humano, pensar é abrir novas possibilidades e fazer escolhas.

Voar nas asas do pensamento é como sair para caminhar sem hora marcada, sentir a leve brisa do vento acariciando nossa pele.

É olhar para a frente e descobrir que o horizonte está muito mais além do que nossos olhos podem ver.

Pensar é recolher-se para dentro de si numa solitude, remexer águas paradas e trazer à tona nossa alma sem máscaras.

Nessa arte de pensar com maestria, construímos e desconstruímos como arquitetos da mente. É quando viajamos para lugares longínquos sem ao menos sair do lugar.

Com o pensar, nós criamos, inovamos, descobrimos e buscamos. Já dizia William James, "Quando mudamos nossa forma de pensar, mudamos nossas vidas".

Com o pensar, trazemos à lembrança momentos que marcaram nossa existência.

Por isso, tome a decisão de viver uma vida grandiosa, honrando a existência. Somos páginas a serem lidas em busca da compreensão de quem foi o autor do livro.

Pensar é também um chamado para agradecer pelo presente de Ser, vivendo uma vida de significado e procurando fazer de fato a diferença.

RENOVE SEU PENSAMENTO PARA EXPERIMENTAR A BOA, AGRADÁVEL E PERFEITA VONTADE DO AUTOR DA VIDA.

"A memória é um solo que deve receber sementes que, uma vez desenvolvidas, deverão frutificar."

7. PLANTE SEMENTES

Podemos nos tornar comandantes de nossas atitudes cultivando o solo fértil de nossa memória. A mente é o painel de controle a partir do qual podemos plantar mudanças significativas. Podemos virar a mesa interior e mudar nosso destino. Os êxitos, fracassos e frustrações são resultados de como usamos nossa mente.

Pensamentos são sementes. É preciso tomar posse de boas sementes, que farão uma grande diferença em nossa vida diária.

Uma boa semente tem muitas facetas e inúmeras combinações para a sua semeadura em relação a todas as circunstâncias que irão afetar seu crescimento.

Portanto, procure sementes com o benefício que vem da experiência de fracasso, de derrota ou de adversidade que vivemos ao longo de nossa vida. Faça com que essas sementes dêem algo de bom. Bons pensamentos liberam uma infinita vibração que sempre nos leva ao topo do sucesso.

As pessoas passam a vida inteira alimentando o solo de suas mentes com sementes de medo, complexos, ansiedade e preocupações. São verdadeiras ervas daninhas que, com o tempo, sufocam a boa semente.

Muitas vezes culpamos outras pessoas por nossos problemas, sendo que na verdade foram as sementes que plantamos ao longo da nossa vida que produziram esses resultados.

Se você plantar boas sementes, certamente colherá bons frutos.

Portanto, troque suas velhas sementes, aquelas que só têm produzido frutos amargos, por novas sementes que produzirão frutos de grande valor para a sua vida, frutos de sucesso.

SEJA COMO A ÁRVORE PLANTADA JUNTO
A RIBEIRO DE ÁGUAS, QUE DÁ O SEU
FRUTO NA ESTAÇÃO PRÓPRIA E
TUDO QUANTO FAZ É BEM-SUCEDIDO.

"Só caminhamos nos solos da vida com segurança quando conhecemos os terrenos da nossa personalidade."

8. O CAMINHO SE FAZ AO CAMINHAR

Vivemos numa sociedade que nos pressiona a ter mais do que ser, ter de parecer, ter de participar, ter de adquirir, ter qualquer coisa. Por isso, assumimos inúmeros compromissos e obrigações. Muitos deles são desnecessários, outros impossíveis de cumprir, alguns não têm nada a ver conosco, mas cumprimos para não ficar de fora, para parecer atualizados, produtivos e bem-informados.

Vivemos aprisionados pelo tempo, pelos compromissos; corremos na maioria das vezes sem direção ou outras vezes por caminhos determinados pelo sistema.

Nunca caminhamos pelas vielas do nosso próprio ser. Há um medo de buscar o lugar secreto dentro de nós mesmos. Tememos a verdade que ameaça quem examina pensamentos. Mas "...conhecereis a verdade, e a verdade vos libertará".

O silêncio nos deixa amedrontados por causa dos ecos vazios que vêm de dentro. Por isso evitamos caminhar nas trilhas interiores, pois onde não há barulho notamos as coisas que não resolvemos, as que "penduramos" e as que deixamos de lado para, quem sabe um dia, resolvê-las.

Descobrimos que, na maioria das vezes, nada percebemos e nada valorizamos em nossa essência.

Percebemos que o caminhar é um momento de descobertas, de olhar para si sem máscaras, de ver que não somos tão perfeitos como imaginávamos.

A caminhada pelos solos da alma levanta poeira e traz à mostra o medo de ver quem somos, mas ela é necessária, pois nessa jornada nós nos reconstruímos e voltamos mais inteiros.

RENOVA-TE COMPLETAMENTE A CADA DIA.

6

ENCONTRE FORÇAS NAS PERDAS E FRUSTRAÇÕES

"Ninguém é digno do palco se não usar suas derrotas para conquistá-lo."

1. NAVEGAR OU ANCORAR

Navegar ou ancorar, eis a questão. Refletir sobre esses dois pontos é navegar em águas turbulentas da nossa existência.

Acredita-se que o navio esteja seguro ancorado no cais, livre das tempestades em alto-mar. Mas, pensando bem, navio que é navio não foi feito para ficar ancorado e sim para navegar pelos sete mares.

O mesmo sucede com a nossa vida!

Diariamente enfrentamos os dramas que afluem para o rio de nossas vidas, aquele rio que se esgueira por todos os cantos, atrás de cada porta ou em cada esquina.

Não queremos ancorar, ninguém quer, aliás, nem deveríamos querer. A vida é uma constante jornada constituída de perder ou vencer, o que é uma parte importante de nossa existência na pátria Terra.

Perder às vezes paralisa, e por demasiado tempo, sendo necessário buscar recursos internos para lutar contra essa apatia.

A força fundamental para vencer as tempestades virá de dentro de nós, onde estão os potenciais que trouxemos e as bagagens que adquirimos ao longo da viagem.

Coragem, humildade, ética, visão e amor dão significado, grandeza e maturidade para enfrentarmos as perdas e usá-las como ferramentas de vitória.

Somos parte de um misterioso ciclo de opostos: ganhos e perdas, vitórias e derrotas, e assim por diante. Mas mesmo que o mundo desabe sobre a nossa cabeça, podemos fazer ressurgir do coração a esperança que nossas mãos precisam para lutar.

DERROTA – RUÍNA DO VENCIDO OU A ABERTURA DE NOVOS CAMINHOS PARA O VENCEDOR.

*"Os perdedores vêem
os raios, mas os vencedores vêem
a chuva e com
ela a oportunidade
de cultivar."*

2. POSSO VER SE OBSERVAR

Muitas vezes deixamos de levar em conta aqueles momentos que no primeiro instante parecem insignificantes, e que não nos levarão a lugar algum.

Deixamos de observar porque pouco podemos fazer para mudar até notarmos que a falta de observação molda nossos pensamentos, sentimentos e atitudes.

Alguém disse, "Um barco navega para o leste e outro para o oeste, levados pelo mesmo vento. É a posição das velas e não a ventania que dá o rumo." Mude sua mente e mudará o seu destino.

Assim, quando observamos os acontecimentos, damos aos nossos pensamentos a liberdade de que precisam para fazer escolhas.

Quando observamos, estimulamos nosso senso de possibilidade e de potencial, alargamos nossas fronteiras e crescemos continuamente.

Mas, se errarmos, falharmos ou nos distanciarmos de nossa rota, podemos descobrir ainda o caminho de volta por meio de novas decisões.

O grande segredo da vida é mudar a forma de olhar. Mudar o foco, ser purificado com o colírio da esperança, a fim de passar a ver, não as tempestades, mas a oportunidade de lançar sementes.

Há um provérbio bíblico que diz: "Quem somente observa o vento nunca semeará, e o que olha para as nuvens nunca colherá". (Ec.11:4)

O vencedor não é filho da circunstância, mas da fé, e a fé é a substância das realizações. Pensamentos de fé tornam-se coisas.

**OLHE PARA SI, OLHE À SUA VOLTA
E ENTÃO FAÇA SUA ESCOLHA.**

"Sem sonhos, as pedras do caminho se tornam montanhas, os pequenos problemas ficam insuperáveis, as perdas são insuportáveis."

3. SONHAR A VIDA

Necessidade de sonhar é um dos artifícios usados pela natureza para ajudar os seres humanos a crescerem, se desenvolverem, progredirem e se tornarem aquilo para o qual foram criados.

Os sonhos impedem que o ser humano viva conformado com as circunstâncias. Os sonhos são a dinamite que o empurra em direção ao possível, mesmo em momentos de perdas. São os sonhos que o arrancam dos encalhes psíquicos e o jogam para a frente, criando degraus rumo à realização da missão na vida.

A capacidade de sonhar e realizar sonhos é que dá a cada um de nós a incrível possibilidade de contribuir para a história humana, atingindo o objetivo maior: Servir.

Na vida, cada pessoa ou é um criador de fato ou uma criatura produzida pelas circunstâncias. Ou dá cor ao seu ambiente ou, como um camaleão, assume as cores múltiplas do cenário. Ou moldamos ou somos moldados. Ou somos termômetros ou termostatos. Ou reagimos à temperatura ou a determinamos. Escolher é preciso.

Mas a luta virá. São realidades inevitáveis.

As árvores fortes não são aquelas protegidas por florestas densas, mas aquelas que crescem em espaços abertos, em constante luta com as intempéries do tempo. Assim devemos ser diante das adversidades. Crie raízes.

Sonhar é viver, como também é morrer e recriar-se a cada momento.

Não dance com o fantasma dos preconceitos e ilusões, mas dance com sua amante e amada: a sua própria vida.

ACIMA DAS DENSAS NUVENS BRILHA O SOL.

"A diferença entre os que fracassam e os que têm sucesso é a capacidade destes de superar as adversidades da vida."

4. PARA NÃO DESISTIR

Tudo o que queremos em alguns momentos é cobrir a cabeça e dormir, sem pensar em nada, fingindo que nada acontece lá fora.

Temos vontade de nos acomodar, de nos trancar no quarto com tudo que nos faz cúmplices do negativo, desperdiçando os próprios talentos e impedindo o crescimento dos outros; fugindo da própria vida.

Pode até ser que você tenha motivos de sobra para se sentir assim. Talvez seja a decepção com alguém, a mentira que contaram, a perda de alguém ou de alguma coisa, a violência, a solidão ou um problema na família.

Pra que lutar se tem gente que não está nem aí para a vida e vive do mesmo jeito.

Porém, o desafio está aí para ser enfrentado. Na vida, tudo acontece de forma magistral, com múltiplas possibilidades de interpretação.

Há um modo terapêutico de olhar a vida: mudar o foco, o alvo, a reação, escolhendo o jeito que faz mais sentido. Esse é o caminho excelente; não desistir, escolher o amor. O amor é a avenida que nos leva a superar barreiras para podermos de novo saborear a arte de viver.

Abra novas janelas. Lá fora está a vida, que nos chama a cada minuto para nos desafiar a nos superarmos, a ampliar o lugar onde estamos, a abrir as cortinas e deixar a luz do sol entrar.

Então você transbordará em seu interior e poderá, mais uma vez, recomeçar com renovada alegria.

SÓ SE VIVE UMA VEZ.

"Ser feliz não é ter uma vida perfeita, mas saber extrair sabedoria dos erros, alegria das dores, força das decepções, coragem dos fracassos."

5. APRENDER PARA CRESCER

Ao nascer, o ser humano recebeu o dom da vontade, e por meio desse dom ele busca dar sentido ou significação à sua vida.

A capacidade de enfrentar os dissabores é uma dádiva da natureza. Resistir é uma escolha sempre possível. Viver é uma relação ininterrupta de contrariedades, contabilizando perdas e ganhos.

O domínio sobre a ignorância é uma luta constante. Aprender dói. Na busca do conhecimento cada dia é como se fosse o primeiro, pois há sempre algo novo a ser compreendido. Aprender é surpreender-se. Aprender é superar-se. É processo. É progresso. É trabalho para a vida toda e para a totalidade da vida.

A busca de realização pessoal exige luta. O perigo é gastar toda saúde na primeira metade da vida para ganhar dinheiro e na outra metade gastar todo dinheiro para ganhar saúde.

Manter saúde com qualidade é luta. Resultado de disciplina, esforço e cuidado. Acima de tudo, amor por si mesmo. Respeito pela vida. Viver, não importa em que direção você olhe, é a conseqüência de extrair sabedoria das experiências de dor e de perda. É garimpar coragem nos fracassos. Embora o homem aprenda que a vida é luta, também deve saber como vivê-la bem. Com as dores e as decepções, sempre temos algo a aprender para melhorar.

Devemos, nas circunstâncias e acontecimentos inesperados que a vida oferece, aplicar a energia da confiança e da perseverança, que nos conduzirão à vitória sobre as contrariedades.

Tudo é melhor do que sentar e chorar, porque nos becos sem saída, quanto mais ficamos, mais somos engolidos por eles.

DÊ O PRIMEIRO PASSO, O SEGUNDO VIRÁ EM SEGUIDA.

"A derrota não superada esmaga os sonhos, dilacera a coragem, obstrui a liberdade de pensar e de acreditar no próprio potencial."

6. VIVER E AMADURECER

Viver, ser feliz não deveria ser tão complicado, me disse alguém, em algum momento da vida.

A escolha é nossa, mas às vezes diante das escolhas nos tornamos inseguros. Temos a chance de mudar, mas vacilamos e perdemos a oportunidade por não acreditar nela.

A dúvida de ir para a direita ou para a esquerda, de pisar só na lista preta ou só na lista branca na calçada da vida, vem de fora, de palpites, de propósitos superficiais, de exemplos fúteis.

Diante dos "não" da vida, paralisamos e, quando isso acontece, a coisa que parece mais fácil e mais lógica é desistir.

Desistir é quase chegar lá, é quase ser, é quase conseguir, é quase ter.

Por que transformar limites em limitações? Por que fazer do impossível sua palavra predileta?

Pare e pense um pouco. Veja dentro de você se é isso mesmo que você quer para sua vida. Onde você está encontra-se a maior riqueza, o maior tesouro jamais encontrado em todos os tempos: você mesmo. Floresça onde você está plantado. Lembre-se de que "a morte de uma semente é o funeral de uma floresta". Todos nós estamos cheios do potencial de ser muito mais do que estamos sendo no momento. Há em nós sonhos, planos, projetos, idéias e emoções à espera de liberação.

Não deixe que a derrota momentânea destrua os sonhos que foram plantados em você pelo Autor da Vida.

DIGA "SIM" AO "NÃO" E SIGA O SEU CAMINHO.

"A coragem é o combustível que mantém acesa a chama dos sonhos."

7. VIVER COM PROPÓSITO

Você já deve ter se perguntado por que pessoas comuns se tornam vencedoras. E também por que outras pessoas, muito mais favorecidas pelas circunstâncias, não conseguem vencer nem influenciar os outros, ou não alcançam os alvos desejados.

Ouvi alguém dizer que: "O medo é o ladrão que, fazendo-nos temer o amanhã, acaba nos roubando o hoje".

Pessoas vencedoras e eficazes têm sonhos, pensamentos e ações grandiosos. Suas ações estão voltadas para os seus objetivos.

Para isso é preciso mudar crenças limitadoras e exercer domínio sobre as emoções negativas.

Vencer o medo é a primeira alavanca para a vitória, pois mantém acesa a luz interior.

Você pode acreditar no que quiser, a escolha é sua. Procure escolher crenças fortalecedoras.

Tenha pensamentos otimistas diante dos fatos. Esse tipo de pensamento o levará, com certeza, a alcançar muito mais êxito. Pensar negativamente é péssimo investimento. Livre-se do negativismo. As futuras gerações agradecem. Não roube a riqueza e os tesouros das próximas gerações. Há uma riqueza dentro de você à espera de realização. Há dons, talentos, projetos e atitudes transformadoras esperando completude. Cada pessoa está prenhe de potenciais com propósitos que deveriam ser colocados a serviço da humanidade. Abortar esses sonhos é trair a própria missão para a qual viemos a este mundo.

O fracasso, portanto, não é a ausência do sucesso, mas a decisão de desistir de desejar e tentar outra vez.

Caminhe por novas trilhas. Viaje por novos mapas.

A CHAVE PARA VENCER O MEDO ESTÁ NA CORAGEM.

"Errar é uma etapa do inventar, falhas são degraus do criar."

8. O LADO BOM DA EXPERIÊNCIA

Falhas e erros fazem parte da vida humana, porém sempre lutamos contra essas condições, que acometem principalmente os perfeccionistas, por não admitirem nem uma coisa nem outra. E quando isso ocorre, torna-se inadmissível errar ou falhar e cobramos a mesma postura dos outros.

Ledo engano! Nessa difícil história de "errar" ou "falhar" está o grande desafio. Pois a questão não é o "errar" ou "falhar", mas o que se aprende com ambos.

O risco de "errar" e de "falhar" é grande, mas a lição que tiramos dessas experiências, sejam elas positivas ou negativas, resultará em crescimento e criatividade.

Basta olharmos para a história dos grandes descobridores, que após tentarem mil vezes disseram, com entusiasmo, que as experiências os levaram a descobrir como não fazer.

Atitudes como essas nos ajudam a refletir sobre o que estamos fazendo com nossos "erros" e nossas "falhas".

Viver é também cometer "erros" e "falhas", descobrindo o lado bom dessas experiências, e compreendendo que pode se tirar ouro dos cascalhos. Não tema errar, tema não progredir. Tire lições e aprenda sempre com tudo. Cada vez você estará mais perto do jeito certo de se fazer.

Vença a culpa pelos "erros" e "falhas", saia da sombra e exponha-se a todos os riscos que a vida proporciona. Assim você finalmente chegará no seu destino.

A frase parece meio batida, mas vale a pena lembrar: "Errar é humano". Ao aprender com os erros, você renovará, encontrará e expandirá a sua sabedoria. Eles são degraus da criatividade, etapas do sucesso.

TODA FALHA OU ERRO TRAZ A SEMENTE DO APERFEIÇOAMENTO.

7

CULTIVE A ARTE DO PENSAMENTO CRIADOR

"O conhecimento humanista produz idéias. As idéias produzem sonhos. Os sonhos transformam a sociedade."

1. PROCESSO DE MUDANÇA

A mudança é a ferramenta para o desenvolvimento e o crescimento humano.

Sem a mudança, os seres humanos estariam no mesmo lugar em que começaram, eternamente presos e limitados aos instintos.

Se passarmos nossos olhos pela história, veremos que ela foi marcada por grandes eventos que geraram uma completa mudança.

Napoleon Hill afirma que: "Nenhuma criatura viva é a mesma por dois minutos sequer". Esse pensamento é reforçado por outro grande pensador, Willian James, que afirmou: "Quando mudamos nossa forma de pensar, mudamos nossa vida".

A mudança gera aprendizado e a expansão da criatividade. Mudar começa de dentro para fora, isto é, com uma atitude mental, e o ser humano pode ter o estilo de vida que escolher e tornar esse estilo uma realidade para si.

Mas às vezes esperamos que algo aconteça, que a fatalidade surpreenda, que o trágico faça o seu trabalho para que a vida renasça.

Talvez os sonhos precisem esperar para renascer das cinzas, ou falta-lhes coragem para vencer a barreira entre sonho e realização.

O mais importante é saber que, mesmo com o passar do tempo, os sonhos não envelhecem e é possível realizá-los, transformando a si mesmo e tudo à sua volta.

Mudar é, acima de tudo, transformar hábitos de fracasso em hábitos de sucesso. A sociedade necessita que você deixe sua marca na história. O mural do tempo espera pela realização de seus sonhos.

**MEXER NO BAÚ DOS SONHOS
FAZ A VIDA RENASCER.**

"O maior líder é aquele que reconhece sua pequenez, extrai força da sua humildade e experiência da sua fragilidade."

2. VER, FAZER E TORNAR-SE

> *"Liderar é comunicar às pessoas seu valor e seu potencial de maneiras tão claras que elas acabem por vê-los em si mesmas."*
> (Stephen Covey)

Pense no papel insubstituível que exercemos de transmitir, de todos os modos possíveis, o valor e o potencial da mudança para aqueles que estão à nossa volta.

Como dizia Gandhi, "Devemos nos tornar a mudança que queremos para o mundo".

No turbilhão da vida, precisamos ter dentro de nós a força necessária que nos orientará em nossas decisões.

Nada mais importante do que ter serenidade para aceitar as próprias fragilidades como alavancas para a mudança;

ter coragem para extrair força da humildade e sabedoria para ser a diferença no mundo. Vencer o orgulho, como disse uma vez um sábio: "Aceita-te como humano, isso é humildade". E ainda: "Não levantarias tão orgulhosamente a cabeça se não a tivesses vazia". (Agostinho)

Não desperdice energia com algo sobre o qual nada pode fazer.

Cultivar na mente e no coração atitudes nobres fará com que você encontre seu significado único, sua missão no mundo.

Quando isso acontecer, você adquirirá esse senso de missão e conquistará a essência de sua própria vida.

Descubra o seu real significado, seus valores, e encontrará a importância do propósito de sua existência.

Tenha um encontro consigo mesmo. Tenha fé em Deus.

Agostinho escreveu: "A fé é o manancial; a oração, o riacho. Como pode correr o riacho se o manancial está seco?"

O SUCESSO VERDADEIRO É O SUCESSO INTERIOR.

"Quem tem uma estrela em seu interior não precisa da luz do sol para se conduzir."

3. UM LARGO SORRISO

Quando estamos motivados por um grande e maravilhoso propósito, um projeto fascinante, todos os nossos pensamentos ultrapassam seus limites.

Nossa mente excede suas barreiras, nossos potencias são maximizados em todas as direções e nos encontramos num mundo totalmente novo, sublime, fantástico e maravilhoso.

O caminho para a sublimidade libera e concretiza o potencial humano. Esse é um processo de crescimento; os que trilham por esse caminho elevado estão acima de influências negativas e buscam se tornar a força motriz de suas vidas.

Os que andam por esse caminho encontram sua estrela, a luz interior, têm uma vida cheia de significado e deixam reais contribuições.

Todos têm a oportunidade de escolher por que caminho seguir, mas é necessário deixar a velha vida para trás, cortar as amarras do passado e sorrir para uma nova vida.

A vida é curta, então ame, doe, chore, sorria, caminhe, aprenda, deixe um legado.

Às vezes não deixamos nossa luz brilhar com medo de ofuscarmos a luz dos outros, mas, ao agirmos assim, simplesmente impedimos a luz dos nossos amigos de brilhar.

Seja uma inspiração onde você está, faça desabrochar o canteiro de flores que o Mestre da vida semeou.

Assuma o risco de se deixar guiar pela sua luz interior e logo descobrirá do que você é feito.

O SORRISO SINCERO É A CHAVE
QUE O CORAÇÃO
PRECISA PARA AGIR.

"As plantas que suportam a angústia do sol e os períodos de sequidão não são as mais belas, mas as que têm raízes mais profundas."

4. PROFUNDA RAIZ

No espesso tecido da vida, sob a luz da memória, ficamos fascinados ao descobrir o que está abaixo da superfície. Encontrar os "porquês" da vida.

Passamos pelas estações da vida. Ora nos encontramos na mais viva, brilhante e colorida primavera. Flores que se abrem, borboletas a dançar ao leve toque da brisa perfumada.

Ora vislumbramos as tardes de verão, o sol em seu total esplendor, dias quentes e longos, momento de namorar.

Mas logo vislumbramos as cores do crepúsculo, nas lindas tardes de outono. Ventos fortes, variações de temperatura, ora frio, ora quente, não se sabe ao certo como vai ser o dia seguinte. Folhas amarelam e caem. O sol já não brilha tanto assim; no outono às vezes nem há sol.

Em seguida o inverno, calçadas repletas de folhas, as cores já se foram, algumas tímidas flores aparecem por instantes apenas, para logo se esconderem do malvado frio.

Podemos imaginar que, por todas essas estações, passamos e sobrevivemos. Como explicar, então, a mágica da vida? Acumulamos experiências na caixinha chamada memória; aprendemos com a primavera, o verão, o outono e o inverno.

O que nos torna árvores especiais não é a nossa espessa folhagem, mas nossas profundas raízes, pois são elas que nos sustentam por todas as estações. Cuide bem das raízes, são elas que lhe dão estabilidade.

A FIRMEZA DE UMA ÁRVORE DEPENDE DA PROFUNDIDADE DE SUA RAIZ.

"Mergulhar dentro de si é descobrir como é fantástico pensar, como é fascinante existir, como é espetacular ter emoções."

5. ETERNO CAMINHANTE

Sairei de mim mesmo e irei ao encontro das pequeninas flores à beira do caminho; sairei ao encontro das lentas aves ao entardecer, ouvir seu canto em seu vôo rasante à procura do ninho.

Sairei de mim mesmo em busca de mim mesmo, em busca da outra face, da face que pensa, que sente, que deseja e que sonha.

Sonha com as melodias esquecidas nos cantos empoeirados da memória, que deseja instantes de total abandono nos braços ternos da eternidade, que sente o milagre em sua caminhada pela busca da vida, que pensa nas andanças por desertos em busca de um oásis.

Que eu possa deitar-me na relva verdejante de meu quintal particular, olhar as estrelas e contá-las uma a uma até pegar no sono.

Que eu seja o meu canto, que meu rosto reflita nos espelhos de um olhar, minha face tranqüila, o doce aroma das folhas da primavera.

Ficar assim, livre do orgulho e da humildade, da dor e da alegria, da paz e da guerra, do amor e do ódio.

Simplesmente querer, desejar e fazer!

Que eu possa voltar a ser aquele que não teme ficar só consigo mesmo, numa dura solidão sem culpa.

Que meu pensamento tenha a idéia constante de que guarda um tesouro no coração de espaços infinitos.

E então vibrar ao som dos sinos nas catedrais e sorrir de mim mesmo ante a beleza do nascer do sol.

Não esquecendo que "Na escola da vida, Deus é o professor à procura de bons alunos". (Agostinho)

DANCE, CANTE, VIBRE, POIS VOCÊ É ALGUÉM ESPECIAL.

"O vento roça a superfície do mar, que levanta o espelho d'água, que produz o nascedouro das ondas num espetáculo sem fim."

6. A MAGIA DA CRIAÇÃO

Meus pensamentos são como páginas em branco que aos poucos vão sendo preenchidas pela suave mão da existência.

São como o vai-e-vem das ondas, levando e trazendo quem foi, é e será, sem importar o quanto a vida é efêmera.

Viver é uma eterna reinvenção de mim mesmo, pela experiência de um dia de cada vez.

Descobrir que há muito mais, mesmo além da superfície. No entanto, é na superfície que se refletem os primeiros raios de sol.

Pensar é isto: deixar que o vento sopre brisa nova, que se renova, tecendo minha história.

Ousar é viver intensamente; ter esperança, qualquer esperança, é valer a pena.

É torcer para que o amanhã seja melhor que o dia de hoje, assim como o ontem foi menos do que hoje. E nas palavras de Agostinho: "Não haverá jamais um amanhã a não ser que exista um hoje".

Ter perspectivas e possibilidades no eterno recomeço e saber que ganhar é também perder e que, se for diferente, não tem graça nenhuma.

Assim prossigo vivendo, em constante transformação e libertação, me permitindo ser humano; com defeitos e qualidades, mas totalmente humano.

PERMITA-SE EXPERIMENTAR A VIDA.

*"A sabedoria requer
que estejamos
sempre abertos às
novas lições."*

7. PASSANDO O LIMIAR

Muitas vezes penso que a minha vida é como um trapézio que balança lentamente. Ora eu estou pendurado em uma barra, balançando-me ou, por frágeis momentos, me sinto cruzando os espaços vazios entre uma barra e outra.

Grande parte do tempo, passo sentado no conforto do meu trapézio preferido. Penso que é dessa maneira que controlo a minha vida, crente de que conheço a grande maioria das perguntas e respostas certas.

Então olho à minha frente e vejo outra barra de trapézio balançando e vindo na minha direção. Ela está vazia e sinto que ela representa o meu próximo gesto, o meu crescimento interior, um novo sentido da minha vida, um novo desafio a enfrentar, um novo começo com novas possibilidades.

Todavia, nesse meu lugar, eu sei que preciso dar o meu próximo salto. E no tênue momento desse salto, enquanto cruzo o espaço e me jogo em direção à minha nova barra, sinto-me quase paralisado pelo terror. Mas recomeçar é preciso e hoje é um bom dia para começar novos desafios.

E por um pequeno espaço de tempo, que pode durar a eternidade de uma vida, eu me vejo cruzando o vazio desconhecido de um tempo que passou e de um futuro que ainda não está aqui, mas é nesse vazio que esvazio meu coração, me preparo para novas possibilidades, pois sou do tamanho daquilo que vejo, e não do tamanho da minha estatura.

E mesmo com todo medo que geralmente acompanha as transições, são elas que fazem com que me sinta vivo e com a minha vida se expandindo.

E é somente tendo a coragem e a ousadia de me jogar no vazio que poderei realmente aprender a voar.

FELIZ O HOMEM QUE ACHA A SABEDORIA E ADQUIRE CONHECIMENTO.

"Educar é produzir uma sinfonia em que rimam dois mundos: o das idéias e o das emoções."

8. A SINFONIA DA VIDA

Gostaria de me deitar numa rede, na sombra de uma frondosa árvore nas belas tardes da minha vida.

Contemplar as cores da natureza, ouvir uma música suave, ler um bom livro, comer alguma coisa, tirar um cochilo entre um tempo e outro, me perder em meus pensamentos.

Livre para fazer o que quiser, na hora que bem entender. Mas essa atividade não me oferece nenhum desafio, nem me acrescenta nada.

Quero estar em atividade, fazendo coisas, vendo pessoas, enfrentando cada dia, com seus desafios, propósitos e projetos.

Usar cada hora do dia para incentivar, aconselhar, fortalecer e testemunhar.

Cultivar as velhas amizades e ganhar novos amigos, estar no meio de gente que me faz sentir vivo e amado, que me estimula e me impulsiona.

Sentir o pulsar da vida, ouvir as batidas do coração no ritmo da criação.

A vida é uma festividade, mas é também servir.

Viver a sinfonia da vida com graça e paz é descobrir que as emoções e os pensamentos são as cores do nosso arco-íris.

"Imita a formiga", escreveu Agostinho, "sê formiga de Deus. Escuta a palavra de Deus e guarda-a em teu coração. Abastece tua dispensa interior durante os dias felizes do verão e assim poderás encarar os dias difíceis da tentação durante os invernos de tua alma."

**O CONHECIMENTO AUMENTA AO ACRESCENTAR ALGO.
A SABEDORIA CRESCE AO ELIMINAR O OBSOLETO.**

8

REALIZE SEUS SONHOS AO ABRAÇAR SEU DESTINO

*"A vida sem sonhos é
um rio sem nascente,
uma praia sem ondas,
uma manhã sem orvalho,
uma flor sem perfume."*

1. A AVENTURA DE SONHAR

De que mais preciso senão um sonho, um sonho que me faz levantar, que me faz desejar, que impõem metas e me faz caminhar por avenidas, onde comemoro o significado de viver.

E enquanto levanto, olho à minha frente, buscando horizontes de novas paisagens, que se abrem como mosaicos de alegria.

Novos caminhos se formam, adornados por afetuosas esperanças, que levam para um lugar onde se pode vibrar, crescer e vencer.

Mas, enquanto sonho, busco no abstrato da paisagem traços de minha existência como espectador emocionado de minhas fascinantes venturas.

Sinto a vida num pulsar de alegres idas e vindas, em rápidos seqüestros entre o real e o irreal.

Talvez num breve momento, como um dever cumprido, crio com minhas mãos o plano de um arquiteto.

E por que não dizer que a vida ocupa seu espaço entre o que é justo e o lazer que ora me permito? Numa mágica sem fim, multiplico a vida em muitas outras; sou capaz de abrigar alegrias, tristezas, amores e lutas. Acima de tudo, abraçar a vida, olhar o céu por longos momentos, vendo a Lua lentamente ir de um extremo ao outro. Deixar-se contemplar por ela, com seus grandes olhos brancos, cheios de segredos.

E então ser fiel Àquele que me trouxe no seu regaço desde as origens dos tempos e que, com mãos suaves, limpa todas as preocupações e angústias que marcaram, com profundos sulcos, minha face interna. "Por que estás abatida, ó minha alma? (...) Espera em Deus. Ele é a salvação da minha face." (Sl 42:5)

SONHOS SÃO COMO A LENHA QUE A FOGUEIRA PRECISA PARA NÃO APAGAR A CHAMA.

"Os sonhos transformam a vida numa grande aventura. Eles não determinam o lugar onde você vai chegar, mas produzem a força necessária para arrancá-lo do lugar em que você está."

2. AS ALAVANCAS DO SUCESSO

Os sonhos são plataformas de lançamento. Funcionam como ponto de partida na pista da carreira humana. Sonhar é a grande largada em direção à bandeirada da vitória. É um chamado para fazer decolar a imaginação.

Sonhos não nascem na passividade. Nunca fertilizam nos solos das desculpas. Não crescem nos jardins da indolência.

A História é a história daqueles que sonharam, "apesar de". Isto é, apesar das lutas, das contrariedades e adversidades. As árvores fortes não crescem sem tempestades.

Sonhos são alavancas que nos tiram da zona de conforto. Nem sempre dizem o fim, mas nos colocam em movimento. Nos lançam, empurram, para o próximo passo.

Paulo, o apóstolo cristão que escreveu suas maiores cartas dentro de uma prisão romana, disse: "Aprendi a viver contente em toda e qualquer situação".

Helen Keller superou a surdez e a cegueira. Aprendeu a falar e a ver com os olhos do coração. Escreveu seu nome para sempre no mural da História, como uma das dez mulheres mais importantes de todos os tempos. Ray Charles ficou cego ainda menino. A despeito desse grande infortúnio, rompeu cárceres do preconceito, tornando-se um mestre na capacidade de vencer obstáculos. Transmutou pensamentos em música. Em meio aos cascalhos humanos, plantou jardins de beleza indescritível.

Sonhos são a força de cada passo na caminhada. São o combustível dos aventureiros que resistem ao desânimo e ao encalhe existencial.

Os sonhos não garantem onde vamos chegar com 100% de certeza, mas nos asseguram de que não vamos continuar onde estamos, sentados no trono das desculpas.

QUERO SER CONTADO ENTRE OS SONHADORES.

"Quem sonha voa mais alto, caminha mais longe."

3. GERAR POSSIBILIDADES

Alguém já disse: "O impossível está dentro mim, como um feto em gestação, esperando o momento de vir ao mundo como possibilidade". Todos estamos grávidos de sonhos, para gerar novos amanhãs.

Como explicar a emoção de engravidar e contemplar o início de movimentos, nos passos da gestação de um sonho?

Nada é tão sublime quanto olhar a graciosa silhueta dos vibrantes contornos dos sonhos, desenhados no horizonte, onde se vê a maravilhosa afirmação da vida, num caminho positivo rumo ao nascer de uma nova realização.

Esse sonho é como uma missão a ser cumprida por nós, num constante querer, pensar, fazer, concretizar e comemorar.

Os aparentes frágeis confundem os aparentes fortes. Mas são as coisas simples e aparentemente fracas que têm a força de transformar. "Da fraqueza tiraram a força", afirmam as Escrituras.

Os sonhos são como os ventos que movem moinhos; os sonhos dão movimento à vida, e em sua longa jornada, os sonhos caminham de mãos dadas com aqueles que acreditam no amanhã.

Nos que confiam, os sonhos se aninharão e fecundarão as sementes de possibilidades no rico solo da existência.

Deixe-se fecundar pela vida, como a brisa suave a brincar com seus cabelos e a pele ardendo com os primeiros raios de sol, na bela manhã de cada dia de sua vida.

Encantar-se pela vida é engravidar de sonhos todos os dias, é saber que mesmo em tempos difíceis eles nunca morrerão.

Acredite, pois "Os que esperam no Senhor renovam suas forças, sobem com asas como águias, correm e não se cansam, caminham e não se fatigam". (Isaías 40:31)

OS SONHOS MULTIPLICAM AS FORÇAS PARA CAMINHAR.

> *"Os sonhos nascem como flores nos terrenos da inteligência e crescem nos vales secretos da mente humana."*

4. A TERAPÊUTICA DOS SONHOS

Quando pensamos estar realizados, os sonhos põem-se a se movimentar dentro de nós.

Sonhar é preciso, principalmente sonhar os sonhos que têm origem na Inteligência Infinita, Deus. E isso significa deixar-se invadir pela Palavra inundada de propósitos, que geram o possível. As promessas de novas possibilidades nos farão experimentar paz crescente e esperança irresistível.

O tempo presente, que chamamos de Agora, poderá ser o melhor para retomarmos sonhos na vida familiar e profissional. Uma época de progresso em todas as áreas da vida.

Depende de você!

Sim, depende da qualidade dos pensamentos que irão gerar novas decisões, novas atitudes, novos hábitos e um novo futuro.

Há dentro de você um incrível potencial. Você veio a este planeta carregado de sonhos, criatividade e possibilidades.

Mesmo assim, muitos têm enfrentado lutas inesperadas, seja na família, no trabalho ou nas finanças. Muitos há que enfrentam uma voz negativa, que desencoraja e gera males sem conta. Uma voz que assassina os sonhos, encalha projetos, frustra possibilidades e encarcera as emoções.

A solução está em não desistir, mas continuar perseverante, crendo nas promessas de grandes realizações.

OS SONHOS SÃO COMO GOTAS DE CHUVA EM SOLOS ÁRIDOS.

"Os sonhos têm o poder de nos levar a patamares impensáveis, fazem com que surdos ouçam melodias, cegos vejam cores e os abatidos encontrem força para continuar."

5. NA ATMOSFERA DA ESPERANÇA

Sonhos de essência atemporal nos remetem a um universo particular, infinitamente rico, repleto de sabedoria. Recantos majestosos de surpreendentes mistérios.

Está na hora de dar a si mesmo uma nova chance. Acredite e trabalhe na expectativa de que serão abertas novas possibilidades diante de você.

Dê aos seus sonhos um novo começo. Você não pode mudar o passado, mas pode começar um novo futuro. Comece decidindo estabelecer mudanças.

Você pode ser mais do que tem sido. Só precisa escolher e agir.

Pode ser o que foi criado para ser. Potencial não é o que você já fez, mas o que ainda poderá ser e fazer.

Quero encorajá-lo a iniciar um tempo de vitória, mesmo que as lutas tentem enterrar seus sonhos. Jogue fora o desânimo, aprenda com as derrotas do passado, não fique preso a nenhuma situação adversa. Livre-se das desculpas que apenas justificam os fracassos; este é um novo tempo. Um novo momento de decisões e mudanças. Agora é com você. Chegou a hora de dar um choque de inteligência em sua vida. Oxigene seus pensamentos e reescreva seu futuro, enchendo-o de esperança. Derrote os argumentos que tenta destruir as habilidades que existem em seu interior. Deixe-se dominar por um novo pensamento, sim, um pensamento diferente sobre si mesmo. Entre na atmosfera da esperança.

OS SONHOS SÃO ALIMENTADOS PELA ESPERANÇA.

"Os sonhadores agradecem a Deus o espetáculo da vida. Eles não são gigantes nem pessoas especiais, mas pessoas que tombam, choram e se levantam."

6. O ESPETÁCULO DA VIDA

Quando uma pessoa se aprisiona no passado, obstrui as fontes geradoras de um presente que vale a pena, e reduz a coreografia triunfante do futuro.

Embora os acontecimentos do passado tenham lhe trazido até aqui, você não precisa, necessariamente, ser controlado por ele. Arranque o controle das mãos das circunstâncias negativas do ontem e abrace o sentido fascinante de viver.

Seu futuro faz parte do espetáculo da vida. Você pode gerenciá-lo a partir das escolhas que faz hoje. São essas escolhas, criadas no Agora, que irão determinar a substância do seu futuro. Aprenda com os seus erros e falhas, mas não agonize por causa deles, sob o peso da preocupação.

Quanto ao que passou, não há nada que você possa fazer, a não ser interpretar os acontecimentos de modo a ganhar mais sabedoria e avançar para obter uma visão mais ampla de tudo o que já aconteceu.

Nós mudamos. Os outros mudam. As circunstâncias mudam. Tudo muda. Portanto, já que mudança é uma constante, então você pode escolher mudar para melhor.

Há uma opção sempre presente: a oportunidade que você tem de se livrar das velhas limitações e assumir um novo propósito e sentido para continuar.

Dê à sua vida, a cada dia, um novo senso de realização pessoal. Você pode mudar o seu futuro. Determine um novo compromisso e uma nova caminhada.

O amanhã pode ser muito melhor do que você jamais imaginou. "Deus é poderoso para fazer infinitamente mais do que tudo." (Efésios 3:20) Quanto você pode imaginar. Dê a si mesmo a chance de vislumbrar novos horizontes.

"O futuro pertence àqueles que acreditam na beleza de seus sonhos." (Eleanor Roosevelt)

OS SONHOS SÃO O OXIGÊNIO DA ALMA.

"Os sonhos são a bússola do coração."

7. UMA BÚSSOLA NO CORAÇÃO

"Uma vida bem-sucedida deixa seus próprios monumentos."
(Napoleon Hill)

Na jornada essencial da vida, caminhamos sozinhos. Temos um destino eterno. Ao viver somos observados pelo mistério da existência. Por mais importantes que sejamos, existe um limite, e no final pouco vale a maioria das coisas com as quais tanto nos preocupamos.

Por isso, caminhar na vida com uma bússola no coração é o grande segredo.

Para onde vamos? Qual o grande ponto a chegar?

Errar o alvo é o perigo maior.

"Não importa quão grande seja a sua fortuna", afirmou Napoleon Hill, "no final não vale nada". Se a sua bússola não lhe aponta os rumos dos grandes valores corretos para a existência, o que importa tanta correria? A vida é frágil e breve. A sabedoria é a bússola do coração. A inteligência espiritual é a sinfonia dos sábios. Crescer em espiritualidade é dar aos sonhos um significado maior. É colocar a vida no rumo certo. É saber que a vida de hoje precisa, mais do que nunca, de clareza de propósitos. Sabemos que todo agir é carregado de recompensas. Tudo integra de alguma forma a realidade da vida, com conseqüências boas ou más.

Ter uma bússola no coração é saber que o potencial está na semente.

Precisamos de sonhos, sim, mas com princípios de valor. A qualidade do propósito é a riqueza maior. É o norte atrator da vida. Crescer é achar o propósito e a essência das coisas.

Se a coisa que você quer fazer vai servir à humanidade, parabéns! Assuma os riscos e aja. Não tenha medo de fracassar. Todo fracasso traz em si uma lição de sucesso.

Na escola da sabedoria estão matriculados aqueles sonhadores incuráveis, que, apesar dos críticos, têm no coração um norte a seguir, de maneira implacável.

OS SONHADORES NÃO DESISTEM!

> *"Os sonhos abrem as janelas da mente, arejam a emoção e produzem um agradável romance com a vida."*

8. OS SONHOS SÃO A JANELA DA VIDA

"Sonhar é acordar-se para dentro." Com essa frase, Mário Quintana deu-nos uma das mais belas máximas. Os sonhos abrem as janelas da mente. Fazem com que nos encantemos com horizontes ilimitados, que fluem em doces sentimentos de solicitude e prazer. Rompem barreiras e produzem o canto de um agradável romance de amor com a própria vida.

Sob essa ótica, olhe para os sonhos que você ainda não realizou e veja um fantástico e maravilhoso mundo de possibilidades. Abra as janelas do seu coração, calibre a âncora da sua memória e assuma o palco da sua história.

Diga todos os dias: Cada dia que passa, em cada situação, eu estou cada vez melhor, porque "Tudo posso Naquele que me fortalece".

Eu posso ser quem fui criado para ser. Eu posso fazer o que sou capaz de sonhar.

Se você tiver que desistir de alguns sonhos, troque-os por outros. Pois a vida sem a realização de sonhos é como um rio sem nascente e sem leito para correr. "Sem sonhos, os ricos se deprimem, os famosos se entediam, os intelectuais se tornam estéreis, os livres se tornam escravos e os fortes se tornam tímidos. Sem sonhos, a coragem se dissipa, a inventividade se esgota, o sorriso vira um disfarce e a emoção envelhece." (Augusto Cury)

Liberte sua criatividade empreendedora para realizar seus sonhos. Não existem pessoas fracassadas, o que existe são pessoas que desistiram de tentar.

Finalmente, deixe-se dominar pelo caráter terapêutico do amor! Plante com fé. Regue com esperança. Colha com amor. Celebre com alegria e gratidão.

ABRA AS JANELAS DO SEU CORAÇÃO E VIVA A VIDA.

9

DEIXE-SE FOTOGRAFAR PELA ESTÉTICA DO BELO

"O que define a nobreza de um ser humano é a sua capacidade de enxergar sua pequenez."

1. A IDENTIDADE DE NOSSA IDENTIDADE

> *"A identidade é a união da identidade e da não-identidade."* (Hegel)

Cada um de nós, como um ponto singular, único, possui o universo em seu interior. Mesmo aqueles "sem nome" são um universo em si mesmos.

Um universo repleto de insondáveis mundos, personalidades virtuais. Uma infinidade de faces assumidas em cada situação. Conforme afirma Edgar Morin, "Um rosto é um teatro onde atuam múltiplos atores". Há em nós oceanos a serem descobertos.

Ora realidade, ora ilusão, momentos de sono e momentos de vigília. Estamos às vezes "de bem com a vida", outras vezes "nem tanto". Somos *sapiens* (sábios) e *demens* (tolos).

Mas somos humanos, essa é nossa identidade terrena. Complexos e também complicados. Às vezes, simples. A inocência original ainda nos acompanha, e também a sagacidade. Somos o que somos! Tempo de obediência e tempo de transgressão, tempo de sonhos e fantasias.

E numa reflexão a partir do pensamento do sábio Salomão, observamos que há tempo para nascer e tempo para morrer; tempo de buscar e tempo de perder; tempo de chorar e tempo de sorrir; tempo de plantar e tempo de colher; tempo de guerra e tempo de paz.

Para Morin, enfrentamos descontinuidades pessoais em nossa caminhada contínua. Ele acrescenta ainda que os outros moram em nós e nós moramos nos outros. Somos seres em conexão. Afetamos a realidade e somos afetados. Se mudarmos, as coisas mudam.

Mesmo diante disso, temos uma solidão inacreditável, uma multiplicidade fantástica, um mundo interior enigmático.

O que nos torna sublimes é a capacidade de olharmos as riquezas de nossa essência e, diante dessa imagem refletida no espelho da vida, descobrirmos nossa temporalidade. Somos finitos.

O que nos faz diferentes e iguais é saber que fomos feitos especiais pelas hábeis mãos do Autor da Vida. Somos eternos.

FOMOS FEITOS À IMAGEM DE DEUS.

"O maior favor que se pode fazer a uma semente é enterrá-la."

2. RECRIAR-SE

Tudo o que foi plantado em você tem a possibilidade de florescer. O Criador quer que as sementes plantadas em você prosperem e revelem as riquezas ilimitadas de potencias ocultos que você carrega em seu interior.

Geralmente, quando temos uma necessidade, pensamos nela o tempo todo. Isso acontece com todos. De fato, não conseguimos gerenciar nem nossos pensamentos e muito menos administrar nossos sentimentos.

O resultado é um só: falamos o tempo todo da necessidade, pelo menos com nós mesmos. Pensamos nisso a tal ponto que cansamos de pensar. O problema é que acabamos magnificando o problema e não a solução.

Antes de nos voltarmos para dentro é preciso que nos voltemos para fora.

Portanto, se você está passando por tempos difíceis, não fique sentado, esperando a depressão vir. Saia de dentro do problema e comece a caminhar por novos caminhos. Faça planos. Plante. Plante uma semente em suas necessidades, que, ao germinar, dará frutos. Fertilize-a com um ambiente de diálogo inteligente. Todos querem colher, mas não há colheita sem um plantar. Plante sementes de transformação em meio às adversidades. Somente Deus é credenciado e tem peças de reposição. Plante um novo futuro, recriando sonhos e refazendo esperanças. Pare de abortar sonhos e idéias.

Plante sementes de possibilidades para dar um novo rumo à sua vida. Você é tão especial que, quando Deus o criou, fez algo que não existia em nenhum lugar do mundo. Seu polegar é a sua prova de originalidade.

Transforme sua história, plante sementes de gratidão, rompa as barreiras. A gratidão é um ímã que atrai mais daquilo pelo que estamos agradecidos.

Lembre-se: toda semente que plantamos voltará para nós! Por isso plante sementes que darão bons frutos.

O QUE VOCÊ IRÁ RECEBER ESTÁ ASSOCIADO AO MODO COMO ACREDITA SER.

"Quem não é apaixonado pela existência não terá amor pela humanidade, viverá apenas para cultivar as próprias vaidades."

3. AMAR É DOAR-SE

Muitos buscam explicações e significados para os encontros e desencontros, porque não entendem claramente a arte de amar e se doar.

Pensamentos indisciplinados povoam minha mente em busca de uma resposta em que meu coração repouse seguro, descanse da imensidão dos porquês e então sopre doces palavras de conforto.

Isso é como remar contra a correnteza, ou talvez, tatear no escuro na busca pela saída.

Ou quem sabe estar num lugar desconhecido e perder-se logo depois de sair dali.

Uma mistura de desafio, medo e incertezas, mas uma luta para atingir o significado das coisas, da vida e das pessoas.

Olho para fora de mim e vejo que gente é gente, com graça ou sem graça, vivendo encontros e desencontros.

O bom é que a vida não é prisão nem é sofrimento, mas crescimento.

Somos uma libertação mútua, a esperança que ajuda, o amor que compartilha, a vida que doa.

Somos uma dinâmica que avança a passos largos, na busca pelo amanhã. Juntos, fazemos surgir oásis na solidão. Como dizem as Escrituras, "Como é bom e agradável viverem unidos os irmãos! (...) Ali ordena o Senhor a sua bênção e a vida para sempre". (Salmo 133)

Já dizia o sábio Salomão que melhor é serem dois do que um, porque, se um cair, o outro levanta o companheiro. "O cordão de três dobras não se arrebenta com tanta facilidade." (Eclesiastes 4:12)

A vida é puro mistério e, parafraseando Lya Luft, que a vida seja presença e companhia, pois a solidão é um campo demasiado vasto para ser atravessado a sós.

**PROCURE VIVER DE TAL MODO QUE,
AO OLHAR PARA TRÁS,
VOCÊ VEJA QUE VALEU A PENA.**

"Se você não for capaz de compreender as pessoas, será impossível amá-las."

4. AMIGO SONHO

A vida seria a coisa mais triste do mundo se não fosse a presença inesperada de um amigo.

    O amigo, com toda sua juventude em flor, sua sábia beleza, seu doce olhar e sua perfeita desenvoltura, surge, enchendo a vida de maneira inesperada, fazendo-me esquecer por uns instantes as lutas do dia-a-dia.

    Ele entra nos espaços mais amplos da melancolia com seus passos graciosos, como um dançarino convidando a bailar.

    Pus-me a contemplá-lo como nunca antes. Este, que um dia deixei para trás, surge mais forte, doce, secreto, renovando o elo que a ele me prende.

    Para alguns, talvez, esse seja apenas um lance súbito que traz apenas um momento de encanto, como o de uma linda flor desabrochando.

    Mas, para mim, ele trouxe de volta a sensação de estar renascendo, um sentimento de indizível amor.

Esse meu amigo, o sonho, é como planta dançando a maravilhosa dança pela ânsia saudável de crescer.

Invisível, mas ocupando todos os espaços infinitos do meu silêncio.

Abro meus braços, e num instante eterno, o enlaço e novamente subo nas asas da esperança, confiante de que irei realizá-lo.

Sonhar me leva à compreensão humana, pois, como dizia Dom Quixote, "Sonhar sozinho é apenas sonho — sonhar juntos é o começo da realidade".

Kant escreveu que "o sonho é uma arte poética involuntária". E Nietzsche, por sua vez, afirmou: "Nada lhe pertence mais do que seus sonhos". E Jean Paul Sartre conclui: "O ser humano não é a soma do que tem, mas a totalidade do que ainda não tem, do que poderia ter".

SONHOS SÃO AMIGOS QUE NOS FAZEM DESPERTAR.

"Não é a quantidade de erros que determina a grandeza de um homem, mas sua capacidade de reconhecê-los."

5. ENGANOS E PERDÃO

É curioso que, à medida que avançamos pela existência, muitos enganos e desenganos vão passando a fazer parte da nossa rotina.

Muitos, ao deparar-se com os enganos, vão fechando as portas atrás de si, numa tentativa desesperada de ocultar aquela "pisada na bola", e sem querer fazem um enorme estrago, marcando quem não desejou ser marcado.

Enganos que, num rápido momento, subtraem da vida quem um dia somou encanto a ela.

Ah, esses travessos enganos, que sem se importar onde ou como, cometem seus malfeitos com a maior ingenuidade!

Mas a vida dá uma chance, com um olhar cheio de lágrimas, vindo do fundo de um caos de recordações, de sentimentos sofridos, de amores vencidos, de alegrias machucadas.

Estende as mãos na busca pelas minhas, e pela primeira vez sinto que somos cúmplices na construção da minha existência de enganos e perdão.

Num longo suspiro, revivo meu passado de tantos desatinos, na busca constante de fazer certo, mas errando muito mais.

Então dou um salto para cima, rumo ao topo da escada, e sentindo o dever cumprido descubro que a chave para vencer é perdoar.

Perdoar a si mesmo e os outros, perdoar em segredo e em público, não importa se em alta voz ou num sussurro.

O perdão liberta a mim e a você. Cria uma atmosfera de paz, traz de volta a alegria que se foi.

O perdão cria, cura, renova, restaura e liberta.

ABRA O CORAÇÃO E SIMPLESMENTE PERDOE.

"Ouvir não é escutar.
Ouvir é se entregar."

6. A ARTE DE OUVIR

Quantas vezes diagnosticamos antes de prescrever, antes mesmo de ouvir, antes mesmo de refletir.

Temos a tendência forte de menosprezar os sentimentos das pessoas e com freqüência deixamos de reservar algum tempo para a explicação, para tentar compreender verdadeira e profundamente a situação.

Talvez pela falta de tempo, como desculpa para não ouvir, achamos que a saída é desviar o olhar para evitar o encontro.

Ouvir faz parte da comunicação, de interagir, de penetrar nos pensamentos, de perceber o outro.

Compreender quão forte é a dor, quão profunda é a alegria, quão séria é a simplicidade das coisas.

A verdadeira chave para penetrar nos secretos instantes e descobrir o maravilhoso universo à nossa frente é ouvir e se entregar.

Entregar ao outro, descobrir e descobrindo-se, numa troca constante de marcantes experiências. Ouvir implica se entregar, fazer fluir a vida que está presa pelas incertezas.

Ouvir é se entregar, inspirando verdade e disponibilidade, criando laços de confiança.

Ouvir é se entregar abrindo o coração, deixando transbordar a compaixão, demonstrando companheirismo, revelando experiências no vai-e-vem de profundos sentimentos.

"O primeiro serviço que alguém deve ao outro é ouvi-lo", afirmou Dietrich Bonhoeffer, o mártir cristão do regime nazista. E ele acrescenta: "Assim como o amor a Deus começa com o ouvir a sua palavra, assim também o amor ao próximo começa com o aprender a escutá-lo". O problema é que muitos se esqueceram de que ouvir é uma tarefa melhor do que falar.

OUVIR É SE ENTREGAR A FIM DE COMPREENDER.

"Não se sobrevive quando se perde a esperança; resgatá-la é oxigenar a vida."

7. VIVER A NOVIDADE DA VIDA

Imagine uma lagarta. Ela passa grande parte da vida no chão, e com uma forma nada atraente.

Num determinado momento, a natureza pede que ela faça um casulo que lhe servirá de túmulo.

A lagarta tranca-se no casulo e aguarda o fim. Alguns dias depois, vê-se transformada numa linda borboleta. Pode passear pelos céus, voar de flor em flor e ser admirada pelos homens.

Assim como a lagarta, nós passamos por momentos de reclusão.

Nós nos voltamos para dentro de nós mesmos, na busca de um tempo, num processo lento, difícil e deliberado pela compreensão das experiências dispostas em pastas suspensas, no arquivo de nossa memória.

Recolher-se e se afastar de tudo e de todos, até de quem mais amamos, é preciso se quisermos encontrar o que foi perdido no caminho de nossas andanças.

Na tentativa de fazer novas descobertas, procuramos um significado para o ser, o valer, o fazer.

Precisamos voltar ao primeiro caminho, ao início de tudo, atingir uma dimensão de valores que está acima do que possamos imaginar.

Precisamos ficar diante do nosso eu verdadeiro, puro e sincero, que foi escondido nas nossas entranhas; nos reunir com ele, apenas eu e ele, abraçá-lo e dizer tudo, abrindo a caixa de segredos.

E então, somente então, retornar quem sabe outra pessoa, mais humana, mais sincera, mais compassiva, mais amante.

Compreendendo que se vive só uma vez, mas que a vida é pura novidade, e viver é encantar-se todos os dias, é apaixonar-se a cada instante.

DENTRO DE VOCÊ HABITA A MAIS PODEROSA LUZ QUE TRANSFORMA E ILUMINA A TODOS.

"A oração do sábio é o silêncio."

8. A MAGIA DO SILÊNCIO

Nunca havia imaginado o quanto o silêncio é importante. O quanto é importante buscar os momentos de profundo silêncio.

No corre-corre dos dias, da agitação, do barulho de fora e do barulho de dentro, gostar do silêncio pode parecer loucura ou até mesmo falta do que fazer.

Buscar o silêncio é arriscado, pode parecer doença ou quem sabe uma ameaça.

Levamos um susto quando, no silêncio, ouvimos os gemidos da alma.

O silêncio nos tira da nossa zona de conforto, faz surgir uma nova realidade, um novo desafio.

Para se desenvolver uma nova mentalidade, um novo jeito de se fazer as coisas, é preciso uma nova resposta, uma nova proposta, um novo paradigma. E para isso se faz necessário um instante de silêncio, um estado de mudez.

Às vezes, no furor das nossas certezas, nós damos respostas rápidas e duras que provocam em quem nos ouve sentimentos de mágoa e muitas vezes abrem profundas feridas. O silêncio é o tempo que a sabedoria precisa para escolher palavras que irão construir.

É no silêncio que habita a liberdade e a capacidade de crescimento e amadurecimento que fazemos escolhas e damos respostas.

É no silêncio que mudamos nossas reações e as transformamos em ações.

É no silêncio que aprendemos a esperar.

Alguém já disse: "O silêncio é tolo quando somos sábios, mas é sábio quando somos tolos". Nesse mesmo sentido, disse Abraham Lincoln: "Se as pessoas pensam que você é tolo, fique calado. Se falar, vão ter certeza".

APRENDER COM O SILÊNCIO NÃO É FÁCIL, MAS O GANHO É A MELHOR RIQUEZA.

10

CRIE A VIDA QUE VOCÊ DESEJA COM ALEGRIA

"A vida deve ser homenageada a cada momento como um espetáculo único."

1. VIVA INTENSAMENTE O PRESENTE

A realidade que você vive hoje é apenas o resultado das suas escolhas de ontem.

Viver é a incrível habilidade de homenagear e experienciar cada momento único como um espetáculo mágico. Não use o passado como desculpa para o presente. O presente não é culpa, é decisão constante. O passado não existe para ser repetido, mas para ser interpretado. Não use o futuro como saída de emergência para fugir do agora. É preciso planejar o futuro, aprender com o passado, mas, sobretudo, viver intensamente o presente. Viver é ser grato pelas pequenas coisas que acontecem ao caminhar.

Liberte-se do hábito de sacrificar o *"que é"*, por causa do *"que foi"* e pelo *"que será"*. O agora é o único tempo que temos. Não considerar "o agora" é negligenciar a arte de viver. A qualidade de vida é o resultado da percepção festiva de cada instante. O tempo é um fantástico espetáculo a ser celebrado com o coração.

Fugir do tempo, do momento e do toque é uma das causas do stress. O problema é estar "aqui" querendo estar "lá". Quantos há que, mesmo estando no presente, desejam estar no passado ou no futuro. Essa divisão aliena e dilacera por dentro. A cura é homenagear cada momento, o que resulta em um estar bem e ser melhor. O aqui e o agora têm propósito e valor: alcançar as metas que virão. Mas, lembre-se, SÓ viverá o futuro quem vive o Agora. Pois somente o Agora pode ser vivido. O passado um dia foi "Agora", e o futuro será, um dia, outro "Agora". Somente o AGORA é.

QUEM SE APEGA AO PASSADO FICA ESTAGNADO. O PASSADO É UM TRAMPOLIM, NÃO UM SOFÁ.
(Harold Macmillam)

"A inteligência espiritual é a inteligência que procura o sentido da vida; é a procura por Deus, é a busca por respostas existenciais. É o desejo irrefreável pela continuação, que nasce no espírito humano."

2. A SUPREMA BUSCA

Há um ditado árabe que diz: "Deus está mais perto de você do que sua garganta". Há em cada ser humano um sentido de maestria e profundidade que o faz perguntar pelo sentido da vida. A pergunta, no entanto, não é a finitude humana, mas, "Até quando?". Deus é a resposta última. Diante da dor e do sofrimento, o homem tem descoberto o sentido de sobreviver na fé e na esperança.

De maneira quase inexplicável o ser humano tem a mente em harmonia com a esperança, e está adaptado para transcender a sua dimensão física. Há uma pergunta que não quer calar: De onde vem a força que revivifica um ego hesitante?

Há no interior do ser humano uma fonte que o leva a resistir ao "não" e afirmar o "sim". Escolhe viver, vencer, sobreviver, realizar e ser.

Luther King disse: "Mesmo que se arraste no lamaçal, há no coração humano algo lhe dizendo que foi criado para as estrelas". O sábio Pascal, já no século XVII, cunhou esta pérola: "No coração humano, há um vazio que tem a forma de Deus".

Inteligência Espiritual é compreender que há alguém que é o atrator cósmico para onde se dirige toda criação. Nessa posição você recebe e partilha sabedoria, multiplicando-a para ir muito além de sua concepção atual.

Podemos assumir as rédeas de nossa vida e seguir em direção ao supremo encontro. "Deus não é uma idéia do cérebro, o cérebro é uma idéia de Deus." (Augusto Cury)

DEUS É O PARCEIRO DE NOSSOS MAIS ÍNTIMOS DIÁLOGOS.

"Viver é uma grande aventura; viver é um evento inexplicável."

3. SIMPLESMENTE VIVA A VIDA!

Para viver sua vida, você precisa reorganizar sua casa interior. Tomar cuidado com os porões na alma. Fazer uma boa faxina nos solos da memória é uma grande aventura, talvez a mais inexplicável, mas também a mais necessária e apaixonante.

Viver é ter um caso de amor consigo mesmo. Muitos são assolados por terríveis sentimentos com relação a si mesmos, normalmente devido a um hábito prejudicial: comparar-se com os outros. O resultado é um sentimento mortificante e desconfortável.

Mas você pode, se quiser, parar com esse vício e começar a se concentrar na pessoa certa: você. Invista mais tempo não em ver diferenças entre você e as outras pessoas, mas em rever seus valores, principalmente os espirituais.

Preciso concordar com Napoleon Hill: "Às vezes a pessoa mais difícil de lidar é aquela que usa a sua escova de dentes e que você vê no espelho todas as manhãs". Fale com essa pessoa, sobre seus planos e objetivos. Peça-lhe que coopere mais com você na aventura de viver. Rompa as barreiras dos pensamentos negativos, reserve mais tempo para resgatar a autoconfiança. Viver pode ser inexplicável, mas é fascinante. É um espetáculo imperdível.

Na aventura de viver, somos convocados pela vida a realizar o melhor possível, e ao fazê-lo damos a nós mesmos a chance de desenvolver aquela reserva de potenciais que nos habilitará a vencer contratempos e adversidades. "Confie em si, e terá sempre alguém em quem confiar." (Napoleon Hill). Confie em Deus e nada vai lhe derrotar.

INVISTA NA AVENTURA DE VIVER. DÊ A VOCÊ MESMO ESSE PRESENTE.

"Aprendi com o Mestre da sensibilidade a navegar nas águas da emoção e não ter medo da dor, a procurar um profundo significado para a vida e a perceber que nas coisas mais simples e anônimas se escondem os segredos da felicidade."

4. UM TOQUE DE MESTRE

Um artista pode passar por uma pedra no jardim de sua casa e ver ali uma obra de arte.

Muitas pessoas desprezam a si mesmas simplesmente por não verem a riqueza que carregam em seu interior. Precisamos aprender com o Mestre dos mestres a sensibilidade de ver as pessoas e a nós mesmos com outros olhos. Jesus viu no cego Bartimeu, na estrada de Jericó, um ser humano tão digno quanto qualquer outro. Ele era um homem excluído da sociedade, alguém que fazia parte da paisagem, até que o Mestre da sensibilidade perguntou: "Que queres que eu te faça?" Ele lhe deu a chance de dizer: "Mestre, que eu torne a ver". O único que não precisava perguntar é quem perguntou. Jesus é aquele que humaniza o ser humano, dando-lhe dignidade e oportunidade de resgatar o "eu atrofiado" pela discriminação. Em meio aos entulhos da cidade dos excluídos, renova a nobreza humana e muda o destino de uma vida.

O Mestre, com um toque de artista, reitera a programação inicial do criador e valoriza o desvalorizado. Surpreende os discípulos. Encanta o povo e provoca os políticos e religiosos. Faz brilhar grande luz para os que andam na escuridão. O Mestre vê o que todas as outras pessoas ignoram. Reivindica o direito de ser. Altera as opiniões, ao olhar com sensibilidade amorosa e transformadora. "Diante das mais dramáticas situações, demonstrou ser o Mestre dos mestres na escola da vida. Os sofrimentos, em vez de abatê-lo, expandiam a sua sabedoria. As perdas, em vez de destruí-lo, refinavam-lhe a arte de pensar. As frustrações, em vez de desanimá-lo, renovavam-lhe as forças." (Augusto Cury)

Viver é estar matriculado na escola da vida, tendo como professor um mestre que sem cerimônias diz: "Aprendei de mim".

O ESCULTOR NUNCA DESISTE ATÉ QUE RETIRE DA PEDRA O QUE VÊ ALÉM DELA. SOMOS PROJETO INACABADO.

Aprendi que os sonhos transformam a vida numa grande aventura. Eles não determinam o lugar onde você vai chegar, mas produzem a força necessária para arrancá-lo do lugar em que você está.

5. DINAMIZE AS POSSIBILIDADES DOS SEUS SONHOS

O mais importante não é chegar, mas avançar. Deveríamos ser como os rios: eles não querem chegar, mas se alargar.

A grande aventura da vida é avançar sempre. Somos tão velhos quanto nossos desesperos, mas tão jovens quanto nossas esperanças. Somos tão obsoletos quanto nossa incredulidade e tão criativos quanto nossa fé. Somos tão rígidos quanto nossa auto-suficiência e tão flexíveis quanto nossa capacidade de imaginar possibilidades.

A maior aventura de "ser" é descobrir os mecanismos da nossa mente. É expandir e enriquecer nossa inteligência. Crescer em sabedoria e transformar desertos vívidos em oásis de amor grato e celebrativo nos espaços do coração.

A excelente aventura é chorar de alegria pela contemplação do belo, é percorrer os jardins da existência para ter qualidade de vida. É resgatar a liderança de um "eu saudável", liberto de prisões de um "eu construído neuroticamente".

A constante aventura é gerenciar pensamentos, conquistar o direito da flexibilidade, sair das algemas dos pensamentos antecipatórios, romper os grilhões dos temores dos que passam pela vida e só reclamam.

A brilhante aventura é administrar emoções nos focos do desalento, enquanto gera novas, oportunas e gratas realizações. Enfim, é reeditar-se de dentro para fora, vivendo a vida com um sentimento de liberdade.

A crescente aventura é dinamizar a experiência de viver, sabendo que a vida é o maior empreendimento do mundo; gerenciá-la com sabedoria é a única maneira de evitar sua falência.

A aventura suprema é proteger a vida contra pressões, conflitos de dentro e de fora, com alegria, fé, amor, paz e autodomínio.

A VIDA É UMA AVENTURA, SAIA DO BANCO DE RESERVAS E ENTRE NO JOGO DA CRESCENTE EXCELÊNCIA

"O orgulho é a força dos fracos e a humildade, a força dos fortes."

6. CULTIVE A FORÇA DA HUMILDADE

A humildade é a mais bela característica de alguém que busca qualidade no jardim da existência.

Somos todos seres humanos que caminham pelas veredas da vida com esperança de dias melhores. Mas somos também aqueles que erram, sofrem e se angustiam enquanto avançam. Somos sábios e tolos, *sapiens* e *demens*; somos seres complexos.

Somos peregrinos e errantes. Peregrinar na vida é enfrentar constantemente a nebulosidade do orgulho, e a ausência da humildade iluminadora.

O ser humano, por ser assim, diante da complexidade da existência atravessa nuvens emocionais e crises existenciais constantes. Mas é esse mesmo ser humano que dialoga e busca fé em meio às crises e reúne força em tempo de fraqueza. Enfrenta adversidades com fé e celebra sonhos de coragem e amor solidários em territórios assolados pelo medo e pelas discriminações.

A humildade é a força dos que se entregam a uma graça especial. Rendem-se inteiramente à verdade e ao amor vindos de Deus, e Nele colocam toda a esperança.

Humildade e crescimento andam de mãos dadas e é no serviço recíproco que se enriquecem de forma crescente.

Quem pensa que é grande demais para fazer pequenos trabalhos talvez seja demasiado pequeno para fazer grandes coisas.

A humildade é o melhor antídoto para o falso orgulho.

Ela nasce de um profundo sentido de missão, ao assumir que a vida é um chamado para servir.

A NOBREZA NÃO ESTÁ EM FAZER GRANDES COISAS, MAS EM FAZER PEQUENAS COISAS COM GRANDEZA.

"Que a sua vida se transforme num jardim de sonhos. Mesmo quando os pesadelos vierem, jamais deixe de sonhar."

7. SEJA O SEU MELHOR JARDINEIRO

"Alguém que não se alimenta de seus sonhos, envelhece cedo." Com esse pensamento, William Shakespeare brindou-nos com uma taça de excelência, o vinho de palavras mágicas que exorcizam a mediocridade e nos fazem dançar a valsa da vida no território de nossas emoções.

Nossa vida deveria estar povoada de sonhos permanentemente. São os sonhos que derrubam as fortalezas da passividade e proclamam em alta voz a triunfante sinfonia que gera riquezas interiores em direção ao novo. Nossas vidas serão tecidas com o mesmo material do que desejamos, imaginamos e sonhamos.

Nossa mente é nosso jardim, nossos pensamentos são sementes. Pensamentos geram emoções. A qualidade de emoções determina o tecido das decisões.

Se quisermos atitudes magníficas, precisamos de emoções transformadas. Isso tudo, de maneira bela, estabelece o cultivo dos hábitos. Os hábitos são gêmeos do destino.

Somente o ser humano que encontrou seu verdadeiro eu pode conhecer o endereço de si mesmo. Descobrir suas melhores aptidões e maximizar seus potenciais. Resgate a liderança do seu eu. Isso fará surgir o autocontrole como uma pujante força que lhe permitirá lidar com circunstâncias adversas. Essa é a mágica de vencer adversidades e gerenciar relacionamentos saudáveis em situações de conflito.

Transforme os solos de sua mente num jardim de invenções criativas, pois é isso que lhe fará superar pesadelos, com a esperança de que os sonhos sempre serão renovados e renovadores, fontes de novos amanhãs.

DESESPERAR NUNCA.
ACOMODAR JAMAIS.
TRANSFORMAR SEMPRE.
ESSA É A FÓRMULA DAS PESSOAS INOVADORAS.

POSFÁCIO

Assim escreveu Nietzsche:

"*A serpente que não pode mudar de pele perece. Assim também os espíritos que são impedidos de mudar de opinião; eles deixam de ser espíritos.*"

Andar pelos jardins do pensamento é trilhar por caminhos de mudanças. É assumir a coragem de ser. A coragem de transformar-se sempre, como um modo de viver.

Chegamos ao fim de uma gratificante jornada. Passeamos pelos jardins enriquecedores de um pensador. Colhemos pétalas de qualidade de vida. Refletimos em máximas e mínimas, construídas a partir das batidas de um coração conectado à mente.

Ao percorrer esse jardim, descobrimos que a mais bela página é aquela em que a beleza da vida pode ser encontrada com mais intensidade.

Contemplamos a verdade de que a mais brilhante idéia é aquela em que o humano pode ser compreendido.

Celebramos a alegria no lugar mais brilhante: onde o amor pode ser mais vivido.

Sem o amor a vida não tem alicerces.

Sem a fé a existência é uma coroa sem brilhantes.
Sem esperança a vida é uma espantosa nuvem vazia.
Sem sonhos o ser humano é um jardim sem sementes.
Sem imaginação o viver não tem laços que atem as diferenças humanas.
Sem humildade as riquezas são marés adversas.
Sem cuidar do jardim dos pensamentos, o viver deixa de ser uma canção e as emoções se tornam prisões em vez de danças.
Mas com Deus a morte é a porta de entrada para a festividade insondável.
Cuidar de nosso jardim é possível e necessário!

BIBLIOGRAFIA

Os canteiros Multifocais

CURY, Augusto. *A Pior Prisão do Mundo.* Editora Academia de Inteligência, SP, 2000.

_____. *Análise da Inteligência de Cristo, o Mestre da Sensibilidade.* Editora Academia de Inteligência, SP, 2000.

_____. *Análise da Inteligência de Cristo, o Mestre da Vida.* Editora Academia de Inteligência, SP, 2001.

_____. *Análise da Inteligência de Cristo, o Mestre do Amor.* Editora Academia de Inteligência, SP, 2002.

_____. *Análise da Inteligência de Cristo, o Mestre dos Mestres.* Editora Academia de Inteligência, SP, 1999.

_____. *Análise da Inteligência de Cristo, o Mestre Inesquecível.* Editora Academia de Inteligência, SP, 2003.

_____. *Doze Semanas para Mudar uma Vida*, Editora Academia de Inteligência, SP, 2004.

_____. *Inteligência Multifocal*, Editora Cultrix, SP, 2006.

_____. *Nunca Desista dos seus Sonhos.* Editora Sextante, RJ, 2004.

_____. *O Futuro da Humanidade: A Saga de Marco Polo.* Editora Sextante, RJ, 2005.

_____. *Os Segredos do Pai-Nosso.* Editora Sextante, RJ, 2006

_____. *Revolucione sua Qualidade de Vida.* Editora Sextante, SP, 2002.

_____. *Treinando a Emoção para Ser Feliz.* Editora Planeta do Brasil, SP, 2007.

Outros Jardins

AURÉLIO, Marco. *Meditações.* Editora Martin Claret, SP, 2005.

CARTER, Les & Underwood, Jim. *O Princípio da Significância.* Editora United Press, Campinas, 2000.

COVEY, Stephen. *Os 7 Hábitos das Pessoas Altamente Eficazes* (22ª ed.). Editora BestSeller, RJ, 2005.

_____. *O 8º Hábito: da Eficácia à Grandeza* (5ª ed.). Rio de Janeiro: BestSeller, 2005.

DOLLAR, Creffor. *8 Steps to Create the Life you Want, the Anatomy of a Successful Life.* Faith Words, Nova York, 2008.

FRANKL, Viktor. *A Presença Ignorada de Deus.* Editora Vozes, RJ, 1992.

HILL, Napoleon. *A Lei do Triunfo.* José Olympio, RJ, 2007.

_____. *Chaves para o Sucesso.* Editora Record, RJ, 2004.

_____. *Você Pode Fazer os seus Milagres.* Editora Record, RJ, 2002.

KANT, Immanuel. *Vida e obra.* Editora Nova Cultural, SP, 2005.

MORIN, Edgar. *O Método 3, O Conhecimento do Conhecimento.* Editora Sulinas, Porto Alegre, 2005.

_____. *O Método 5, A Humanidade da Humanidade.* Editora Sulinas, Porto Alegre, 2007.

_____. *O Método 6, Ética.* Editora Sulinas, Porto Alegre, 2007.

OSTEEN, Joel. *Só Depende de Você*. Editora Larousse, SP, 2007.

PASCAL, Blaise. *Pensamentos* (2ª ed.). Editora Abril Cultural, SP, 1979.

ROBBINS, Anthony. *Desperte o Gigante Interior* (2ª ed.). Editora Record, RJ, 1993.

_____.*Poder sem Limites* (8ª ed.). Editora BestSeller, RJ, 2007.

SCHULLER, Robert. *O Sucesso Nunca Termina – O Fracasso Nunca é Definitivo*. Editora Maltese, SP, 1990.

_____. *Tough Times Never Last, But Tough People Do!* Bantam Books, Nova York, 1984.

SÊNECA, Lucio Anneo. *Aprendendo a Viver*. Editora L&PM, Porto Alegre, 2008.

URURAHY, G. & ALBERT, E. *O Cérebro Emocional: As Emoções e o Stress do Cotidiano*. Editora Rocco, RJ, 2005.

Edições Loyola

impressão acabamento
rua 1822 n° 347
04216-000 são paulo sp
T 55 11 2914 1922
F 55 11 2063 4275
www.loyola.com.br